나의 하루 1줄

여행
영어
쓰기 수첩

하루 한줄,
손글씨로 채워가는 나만의 여행 수첩

나의 하루 1줄

여행 영어
쓰기 수첩

머리말

지구라는 별을 로라와 함께 여행하실 여러분들께

> "The world is a book and those who do not travel read only one page"
>
> - Saint Augustine -
>
> 세상은 책이고 여행하지 않는 사람은 그 책의 한 페이지만 읽는 것과 같습니다

사랑하는 여러분,

저는 여러분이 단순히 여행에 필요한 영어를 배우는 것에 그치지 않기를 바랍니다. 우리가 여행 중에 쓰는 표현들은 사실 세계 어디서든 생존하기 위해 필요한, 의식주 해결에 필수적인 기본 표현들이죠. 우리는 보통 be동사, 명사, 형용사, 주어+동사를 기초 영어라고 칭하지만, 아이들은 태어나자마자 문법을 배우지 않습니다. 살아남기 위해 필요한 말과, 의사를 전달하기 위한 표현을 먼저 배우고, 그 과정을 통해 자연스럽게 문법, 즉 문장의 패턴을 체득합니다.

하지만 우리는 지금까지 언어를 거꾸로 배워 왔습니다. 수학 공식처럼 배운 문법에 아는 단어를 끼워 맞추다 보니 머리는 복잡해지지만 말은 잘 나오지 않았죠. 또한 언제 쓸지, 살아가면서 과연 쓰게 될지 모를 표현과 공식을 외우며 점수를 위해 공부해 왔습니다. 이제는 이러한 잘못된 방법에서 벗어나, 실제로 필요한 영어를 공부해야 할 때입니다.

PREFACE

이 책을 통해 여러분의 인생이 변화되기를 진심으로 기도합니다. 이 책 한 권으로 여러분의 자존감이 높아지고, 자신을 더 사랑하며 당당해지길 바랍니다. 기본부터 제대로 시작해, 세계 어디를 가든지 당당하게 소통하고 더 많은 경험을 하시기를 기원합니다.

여러분은 진정으로 '입이 트이는' 경험을 하게 될 것이며, 그 경험을 통해 자신감과 자존감이 더욱 높아질 것입니다. 아이들 앞에서 당당한 부모로, 자식과 손주 앞에서 자랑스러운 할아버지, 할머니로, 든든한 배우자로, 그리고 믿음직한 자녀로 빛나게 될 것입니다.

이 책은 단순한 영어 공부가 아니라, 인생에서 더 나은 자신을 선물하는 특별한 경험을 선물해 줄 것이라 확신합니다. 원초적인 필수 표현들을 완벽히 익히신 후, 그다음 단계로 나아가시길 추천드립니다. 세계 어디에서든 자주 사용할 표현들만 엄선했습니다. 세계 무대에서 반짝반짝 빛날 여러분을 상상하며 만들었습니다.

한 번뿐인 인생, 더 많이 경험하고 더 많이 보고, 풍부하게 존재하며 이 지구라는 별을 여행해 봅시다. 온 마음을 다해 여러분을 응원합니다.
어제보다 더 나은 나를 선물합니다.

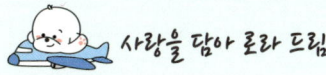

유튜브 로라 TV
인스타그램 @lora_feelglish

이 책의 구성과 활용

✈ **학습 준비 및 여행 테마 확인**

❶ **학습 테마 확인**
해당 챕터에서 다루는 여행 표현의 주제와 특징을 미리 확인합니다.

❷ **네이티브 음성 QR**
해당 챕터에서 다루는 모든 표현을 원어민 발음으로 들어볼 수 있도록 MP3 파일을 QR로 제공합니다. MP3 파일은 시대에듀 홈페이지에서도 다운로드 가능합니다.

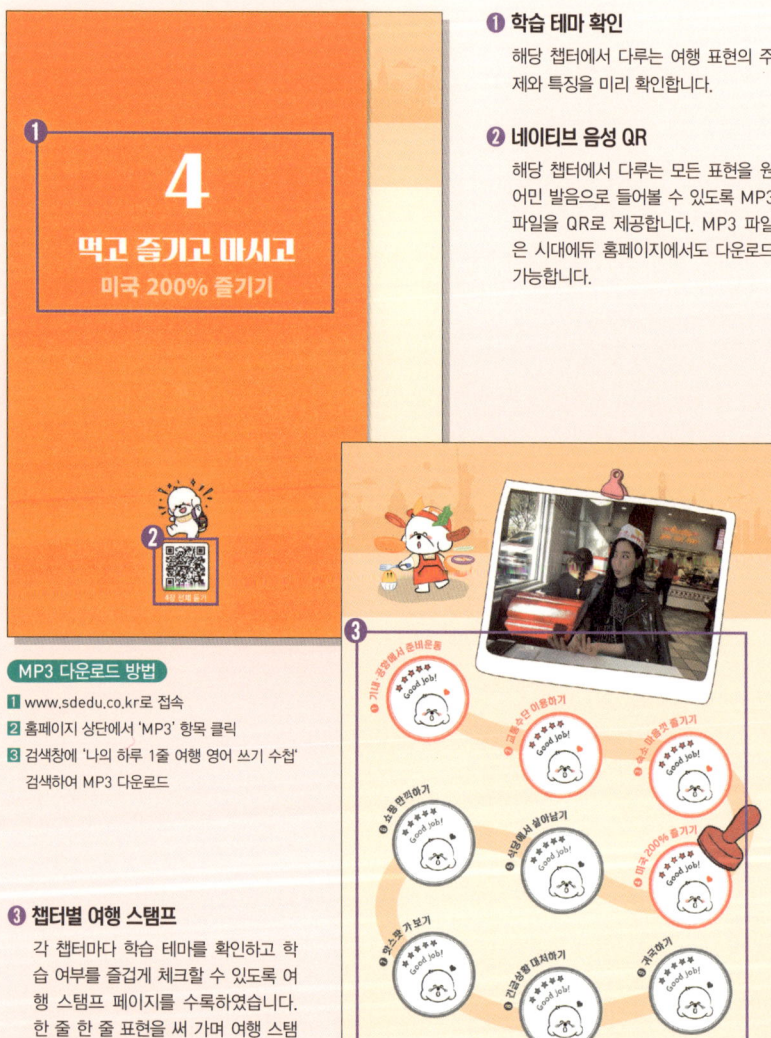

MP3 다운로드 방법
1. www.sdedu.co.kr로 접속
2. 홈페이지 상단에서 'MP3' 항목 클릭
3. 검색창에 '나의 하루 1줄 여행 영어 쓰기 수첩' 검색하여 MP3 다운로드

❸ **챕터별 여행 스탬프**
각 챕터마다 학습 테마를 확인하고 학습 여부를 즐겁게 체크할 수 있도록 여행 스탬프 페이지를 수록하였습니다. 한 줄 한 줄 표현을 써 가며 여행 스탬프를 모두 모아 보세요.

STRUCTURES

✈ 여행 표현 학습

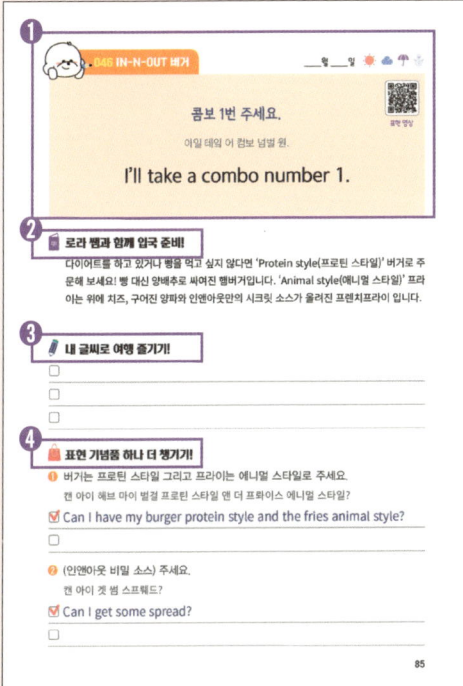

❶ 핵심 여행 표현 체크

페이지 가장 상단에서 오늘의 핵심 여행 표현을 확인할 수 있습니다.
★ 우측에 '표현 말하기 영상' QR 수록 (하단 설명 참조)

❷ 로라 쌤과 함께 입국 준비!

본격적으로 표현을 써 보기에 앞서 해당 표현에 대한 꿀팁과 배경 지식 등을 수록하였습니다.

❸ 내 글씨로 여행 즐기기!

오늘의 핵심 표현을 직접 내 손글씨로 써 보는 코너입니다. 표현이 익숙해질 수 있도록 밑줄에 맞춰 3번 쓰기에 도전해 보세요.

❹ 표현 기념품 하나 더 챙기기!

오늘의 핵심 표현과 함께 활용해 볼 수 있는 추가 표현 2개를 학습하고 손글씨로 써 보는 코너입니다.

표현 말하기 영상

오늘의 핵심 표현을 영상을 보며 듣고 따라 하는 연습을 할 수 있도록 영상 QR을 수록하였습니다. 표현 쓰기와 병행하여 활용해 주세요.

✈ 쉬어가기

❶ 실제상황 LIVE ❶

챕터별 학습이 끝나면 '실제상황 LIVE' 코너가 마련되어 있어요. 'LIVE ❶'에서는 로라 쌤의 영상을 보며, 네이티브 발음과 표현을 간단하게 익힐 수 있습니다.

❷ 실제상황 LIVE ❷

'실제 상황 LIVE ❷'에서는 로라 쌤이 현지 상황을 생생하게 전달해 줍니다. 생생한 영상을 보며 여행 가기 전 설렘을 느껴 보세요.

이 책의 차례

CONTENTS

INTRO 미리 준비하는 쓰기 여행   14

CHAPTER 1
설레는 나의 휴가
기내·공항에서 준비운동

기내 통로 지나가기	28
자리 이동 문의하기	29
물건 요청하기	30
음료 서비스 요청하기	32
면세품 문의하기	33
불만 사항 요청하기	34
고장 문의하기	35
입국 심사에서 대답하기	36
공항에서 환전하기	41
실제상황 LIVE ❶	42
실제상황 LIVE ❷	43

CHAPTER 2
조금 복잡하지만 괜찮아
교통수단 이용하기

택시에서 목적지 말하기	46
택시에서 내리기	47
얼마나 걸리는지 물어보기	48
에어컨 줄여 달라고 요청하기	49
속도 줄여 달라고 요청하기	50
택시 요금 지불하기	51
버스/지하철 티켓 구매하기	52
목적지에 가는지 물어보기	54
환승하기	55
실제상황 LIVE ❶	56
실제상황 LIVE ❷	57

CHAPTER 3
내가 묵을 곳은 여기
숙소 마음껏 즐기기

체크인하기	60
체크인 전 짐 맡기기	62
고층 룸 배정 부탁하기	63
호텔 및 주변 시설 문의하기	64
조식 문의하기	67
룸서비스 및 모닝콜 요청하기	68
와이파이 문의하기	70
도움 요청하기	71
물건 요청하기	72
택시 요청하기	75
고장 수리 요청하기	76
불만 사항 요청하기	77
하루 더 연장하기	79
실제상황 LIVE ❶	80
실제상황 LIVE ❷	81

CHAPTER 4
먹고 즐기고 마시기
미국 200% 즐기기

WOLFGANG 스테이크	84
IN-N-OUT 버거	85
SUBWAY 샌드위치	86
CHIPOTLE 멕시칸 그릴	87
BASKIN ROBBINS 아이스크림	88
FIVE GUYS 버거	89
STARBUCKS 음료	90
Bar 술&음료	97
실제상황 LIVE ❶	100
실제상황 LIVE ❷	101

CONTENTS

CHAPTER 5
나도 오늘은 현지인처럼
식당에서 살아남기

식당 예약하기	**104**
예약 변경하기	**105**
워크인도 가능한지 물어보기	**106**
인원수 및 원하는 자리 말하기	**107**
유아용 의자 요청하기	**108**
주문 요청하기	**109**
추천 음식 물어보기	**110**
디테일하게 주문하기	**111**
음식이나 음료 더 요청하기	**115**
물건 요청하기	**116**
컴플레인하기	**118**
포장 요청하기	**120**
결제 요청 및 팁 주기	**121**
실제상황 LIVE ❶	**124**
실제상황 LIVE ❷	**125**

CHAPTER 6
지갑이 마구 열린다
쇼핑 만끽하기

매장 위치 물어보기	**128**
옷 구매하기	**129**
찾는 물건 물어보기	**130**
다른 상품 요청하기	**131**
다른 사이즈 요청하기	**132**
사이즈 물어보기	**133**
할인하는지 물어보기	**134**
할인 요청하기	**135**
착용 여부 물어보기	**136**
구매하기	**137**
상품 구매하기	**138**
상품 환불하기	**140**
상품 교환하기	**141**
실제상황 LIVE ❶	**142**
실제상황 LIVE ❷	**143**

CHAPTER 7
마음만큼은 풍요롭게
핫스팟 가 보기

길 물어보기	146
길 찾기	147
사진 찍어 달라고 요청하기	148
매표소 물어보기	149
새치기 대응하기	150
티켓 구매하기	151
날짜나 시간 변경하기	153
자동으로 교환하기	154
공손하게 요청하기	155
실제상황 LIVE ❶	156
실제상황 LIVE ❷	157

CHAPTER 8
당황스럽지만 침착해
긴급상황 대처하기

약국에서 약 구매하기	160
감기 증상으로 아플 때	161
알레르기 반응이 나타났을 때	162
발목을 삐었을 때	163
상처가 났을 때	164
비행기나 기차를 놓쳤을 때	165
여권을 분실했을 때	166
물건을 분실했을 때	167
분실물 센터 물어보기	168
도움을 요청할 때	169
실제상황 LIVE ❶	170
실제상황 LIVE ❷	171

CONTENTS

CHAPTER 9
Bye! 다시 올게
귀국하기

호텔 체크아웃하기	**174**
호텔 체크아웃 시간 연장하기	**175**
탑승 수속하기	**176**
원하는 자리 요청하기	**178**
공항에서 세금 환급받기	**179**
실제상황 LIVE ❶	**180**
실제상황 LIVE ❷	**181**

부록
나만의 영어 쓰기 여행 노트

여행 미션 체크리스트	**184**
여행 단어 모음집	**196**

미리 읽어 보는 미국

 미리 알아두면 좋은 미국 현지 정보를 체크해 봅시다!

기본 정보

정식 명칭	미합중국(약칭 '미국') / United States of America(USA)
수도	워싱턴(Washington D.C.)
입국 수속	**비자(사증)** 관광 목적으로 90일 이내 체류 시 별도 비자 신청 필요 없음. **여권 유효기간** 여권 만료일이 귀국일 이후면 입국은 가능하나, 6개월 이상 남은 여권을 준비하는 것이 안전함. **ESTA(전자여행허가증)** 관광객이 의무적으로 발급 받아야 하는 허가증으로 온라인 신청이 가능함(ESTA가 없을 경우 국내 공항에서부터 체크인 불가). 발급까지는 최대 72시간 소요되며 개별 신청일 경우 약 21달러 정도의 비용 발생.
시차 구분	미국 내륙은 4개의 시간대(Time Zone)를 가지고 있음. **서해안** – 샌프란시스코, LA, 라스베이거스 등 (–17시간) **산악지대** – 솔트레이크, 덴버 등 (–16시간) **중부** – 시카고, 멤피스, 뉴올리언스 등 (–15시간) **동부** – 뉴욕, 워싱턴, 보스턴 등 (–14시간)
복장	계절에 관계없이 냉방, 난방을 세게 틀기 때문에 입고 벗기 편한 복장이 좋으며, 직사광선과 자외선이 강한 편이기 때문에 모자, 선글라스, 선크림 등을 꼭 챙겨야 함.

화폐

통화	미국(US) 달러 - 지폐($/달러): $1, $5, $10, $20, $50, $100 - 동전(¢/센트): ¢1, ¢5, ¢10, ¢25 - 그 외 신용카드의 경우 VISA, MASTER, AMEX 이용 가능.
팁	미국에서는 다양한 상황에서 팁 지불이 요구됨. (강제성은 없으나 팁을 주는 것이 예의에 맞음) - 숙소: 1달러(1박 당) - 식당: 합계 금액의 15~20% 정도 - 택시: 요금의 15%~20% 정도

생활 정보

전압	110~120V(한국 제품 사용 시 여행용 멀티 어댑터 필수)
Wi-Fi/통신	• 스타벅스 등 카페에서는 대부분 와이파이를 이용할 수 있으나, 식당이나 거리에서는 사용하지 못하는 경우가 많으므로 유심칩, 포켓 와이파이 등을 준비해야 함. • 국립공원의 경우 통신이 안 잡히는 경우가 있음.
치안	밤거리 혹은 인적이 드문 거리는 피해야 하며, 귀중품과 여권은 항상 소지하는 것을 추천함. 특히 호텔 로비, 혼잡한 관광지, 뷔페 등에서 자주 발생하는 소매치기를 조심해야 함.
담배/술	• 호텔, 식당, 공항 등 대부분의 시설이 금연으로 흡연은 별도 마련된 흡연장에서만 가능. • 술은 주마다 제한된 범위가 다르기 때문에 확인이 필요하며, 식당에 따라서는 아예 술을 제공하지 않는 곳도 있음.
호텔 리조트 피 (Resort Fee)	• 리조트 피(Resort Fee)란 호텔 요금(객실료+봉사료+세금) 외에 객실당 1박 단위로 부과되는 부대시설 이용에 대한 추가 요금이며, 리조트 피에 포함되는 내역들은 호텔마다 상이하나 주로 수영장, 피트니스센터 와이파이 등의 이용에 대한 비용. • 요금은 호텔마다 차이가 있으나 통상 3성급 호텔은 $20~30, 미국 전역에서 부과하는 것은 아니며, 주로 뉴욕, 샌프란시스코, 라스베이거스 등에서 부과하고 있음.

미리 챙겨 보는 여행 꿀팁

 여행을 계획할 때 필요한 정보들을 꼼꼼하게 확인해 봅시다!

여행 준비 시 주의 사항

하나!
현금, 전자기기 등의 귀중품은 반드시 소지하거나 기내용 수하물에 보관하세요. 가전제품의 경우 전원이 안 들어올 시 현장에서 반납해야 하는 경우가 있어요.

둘!
가위(반짇고리 세트 포함), 손톱깎이, 제모용 핀셋, 면도기 등이 기내용 가방에 들어있을 경우 안전상의 이유로 반납해야 하기 때문에 위탁 수하물에 넣어야 해요.

셋!
100ml가 넘는 액체는 기내용 가방에 넣을 수 없기 때문에 위탁 수하물에 넣어 주세요. 100ml이하의 액체를 기내에 반입하려면 투명한 비닐 지퍼백에 넣어야 해요(합계 1L까지).

넷!
위탁 수하물에 조금이라도 수상한 점이 있을 경우 자물쇠가 걸려 있더라도 부수고 검사를 진행하는 경우가 있어요. 따라서 여행 가방에는 열쇠를 걸지 않고 벨트 등을 이용하여 고정하는 것을 추천해요. 또한 가방 분실 시 공항이나 항공사 측에서 책임을 지지 않는 케이스가 많아 출발 전 여행 보험에 가입하는 것이 좋아요.

다섯!
'육류'가 들어간 음식은 반입이 금지되어 있어요. 시중에 파는 많은 컵라면 스프에 육류가 들어가기 때문에 원칙적으로는 반입이 안 되는 것이 맞아요. 즉석밥, 김, 참치 등은 반입이 가능해요. 육류가 들어간 한식이 꼭 먹고 싶다면 현지 한인마트를 이용해 보세요.

현지에서 유용한 추천 앱

스폿크라임(SpotCrime)

미국 여행을 계획할 때 걱정되는 것 중 하나가 치안 문제인데요. 이 앱은 현재 위치 주변에서 일어난 강력범죄 관련 정보들을 제공해요. 숙소 예약이나 관광 코스를 짤 때 해당 장소나 근처가 안전한지 여부를 확인하는 데에 활용해 보세요.

맵스미(Maps.me)

면적이 넓은 미국에서는 통신 연결이 안 되는 곳이 많아 곤란할 때가 있어요. 이때 활용할 수 있는 유용한 오프라인 지도 앱이에요. 출발하기 전 미리 원하는 지역의 지도를 다운받고 네비게이션처럼 사용해 보세요.

우버(Uber)와 리프트(Lyft)

현지 사람들이 자주 사용하는 택시 앱이에요. 리프트는 우버에 비해 비교적 요금이 저렴한 편이지만 우버 또한 할인 코드를 뿌려 저렴해질 때가 있어요. 두 앱을 활용하여 가격을 비교하고 교통비를 절약해 보면 어떨까요?

옐프(Yelp)

현지인들이 맛집을 찾을 때 활용하는 앱이에요. 야경, 데이트 등 원하는 키워드를 넣어 검색도 가능해요. 식당에 따라 한국의 테이블링처럼 옐프로 웨이팅을 받는 곳도 있으니 다운받아 두시면 좋을 거예요.

도어대시(DoorDash)

미국에서 쿠팡이츠, 배민의 역할을 하는 배달 음식 앱이에요. 여행객들이 우버이츠를 많이 사용하는데 사실 현지인들은 이 도어대시를 더 많이 사용한답니다.

미리 연습해 보는 미라클 패턴

 여행이 든든해지는 기적의 회화 패턴을 연습해 봅시다!

Where can I ~?   어디에서 ~할 수 있나요?

Where can I wash my hands?   어디에서 손을 씻을 수 있나요?

Where can I buy tickets?   어디에서 티켓을 구매할 수 있나요?

I'd like to ~   ~하고 싶어요

I'd liko to make a reservation.   예약하고 싶어요.

I'd like to order a sandwich.   샌드위치 주문하고 싶어요.

Can I get ~?   ~해 주실래요?

Can I get the bill, please?   계산서 좀 주시겠어요?

Can I get a table for two?   2명 앉을 수 있는 테이블 자리 주시겠어요?

Can you tell me ~? ~을 말해 주실래요?

Can you tell me how to use this?   이거 사용법을 알려 주시겠어요?

Can you tell me what the Wi-fi password is?
와이파이 비번을 알려 주시겠어요?

Are there any ~? ~이 있나요?

Are there any good restaurants nearby?   근처에 괜찮은 식당 있나요?

Are there any available seats?   빈자리가 있나요?

I'm looking for ~ ~을 찾고 있어요

I'm looking for a shopping mall.   쇼핑몰을 찾고 있어요.

I'm looking for blue shirts for my boyfriend.
남자친구에게 줄 파란 셔츠를 찾고 있어요.

Do I have to ~? 제가 ~해야 하나요?

Do I have to pay an extra fee?   꼭 추가 요금을 지불해야 하나요?

Do I have to wait in line here?   여기서 줄 서야 하나요?

체크해 보는 사이즈 비교 표

 쇼핑할 때 유용한 나라별 사이즈를 확인해 봅시다!

신발 사이즈(여성)

한국	미국/캐나다/호주	영국
220	5	2.5
225	5.5	3
230	6	3.5
235	6.5	4
240	7	4.5
245	7.5	5
250	8	5.5
255	8.5	6
260	9	6.5
265	9.5	7

신발 사이즈(남성)

한국	미국/캐나다/호주	영국
250	7	6
255	7.5	6.5
260	8	7
265	8.5	7.5
270	9	8
275	9.5	8.5
280	10	9
285	10.5	9.5
290	11	10
295	11.5	10.5
300	12	11

상의 사이즈(여성)

한국		미국/캐나다		영국/호주
44	85	0	XS	4~6
55	90	2~4	S	8~10
66	95	6~8	M	10~12
77	100	10~12	L	16~18
88	105	14~16	XL	20~22

상의 사이즈(남성)

한국	미국/캐나다	영국	호주
90~95	S	1	36~38
95~100	M	2	38~40
100~105	L	3	40~42
105~110	XL	4	42~44
110~	XXL	5	45~46

하의 사이즈(여성/남성)

여성			남성	
한국	미국/캐나다	영국/호주	한국	미국/캐나다/영국/호주
24	2~4	4~6	28	34
26	4~6	8~10	30	36
28	8~10	10~12	32	38
30	12~14	16~18	34	40
32	14~16	20~22	36	42

※브랜드, 제품에 따라 표기가 다를 수 있습니다.

액세서리(반지)

한국	미국/캐나다	영국/호주
7호	4	H 1/2
8호	4.5	I
9호	5	J 1/2
10호	5.5	K 1/2
11호	6	L
12~13호	6.5	M~M 1/2
14~15호	7	N 1/2~O 1/2
16호	7.5	P
17호	8	Q
18호	8.5	R
19호	9	R 1/2
20호	9.5	S 1/2
21호	10	T 1/2
22~23호	10.5	U~V
24호	11	V 1/2
25호	11.5	W 1/2

※ 브랜드, 제품에 따라 표기가 다를 수 있습니다.

부가자료 '리얼 단어 카드 pdf'를 다운로드하여 함께 학습에 활용해 보세요!

PDF 다운로드 방법

1 www.sdedu.co.kr로 접속
2 홈페이지 상단 〈학습자료실〉에서 '도서업데이트' 항목 클릭
3 검색창에 '나의 하루 1줄 여행 영어 쓰기 수첩' 검색하여 '리얼 단어 카드 PDF' 다운로드

미리 해 보는 쓰기 연습

 아래 영어 문장을 따라 써 보며 손가락 스트레칭을 해 보세요!

The biggest adventure you can ever take is to live the life of your dreams.

- 오프라 윈프리(Oprah Winfrey) -

 따라 써 보기!

The biggest adventure you can ever take is to live the life of your dreams.

 내 글씨로 처음부터 써 보기!

_____

_____

해석 여러분이 할 수 있는 가장 큰 모험은 바로 여러분이 꿈꿔오던 삶을 사는 것입니다.

1
설레는 나의 휴가
기내 · 공항에서 준비운동

1장 전체 듣기

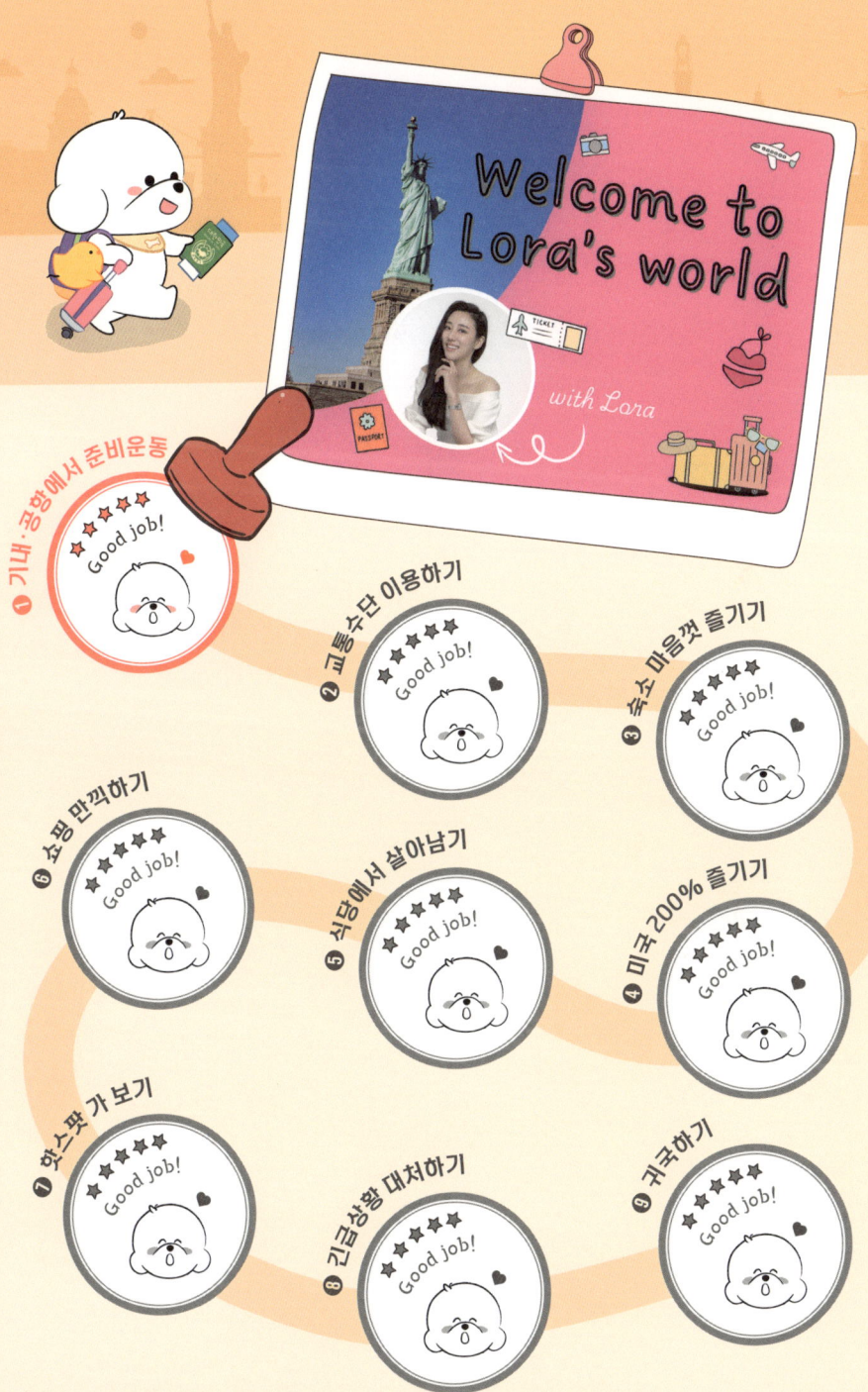

 **001 기내 통로 지나가기**

 ___월 ___일

지나가겠습니다.

익쓰큐즈 미. 커밍 쓰루.

Excuse me. Coming through.

표현 영상

🛂 로라 쌤과 함께 입국 준비!

미국에서는 어깨가 부딪히거나 살짝만 스쳐도 'Excuse me'라고 말을 건네는 것이 예의이자 문화입니다. 누군가를 앞질러 가거나 옆으로 지나갈 때 조금 가깝다면 이렇게 말해 주세요.

✏️ 내 글씨로 여행 즐기기!

☐
☐
☐

🛍️ 표현 기념품 하나 더 챙기기!

❶ 저희 지나갈게요.
　플리즈 익쓰큐즈 어스.
☑ Please excuse us.
☐

❷ 아이고! 괜찮으신가요? (실수로 어깨를 쳤을 때)
　오, 마이! 알 유 오케이?
☑ Oh, my! Are you ok?
☐

002 자리 이동 문의하기

___월 ___일

자리를 바꿀 수 있을까요?

크드 아이 췌인쥐 마이 씨-트, 플리즈?

Could I change my seat, please?

표현 영상

📘 로라 쌤과 함께 입국 준비!

조동사 'Could'는 'Can'의 과거이기도 하지만 'Can' 보다 더 공손한 뉘앙스로 표현할 때 쓰이기도 해요. 요청하기 어려운 것을 요청하거나 조금 더 격식을 차리고 싶을 때 'Can' 대신 'Could'를 사용해 보세요.

✏️ 내 글씨로 여행 즐기기!

☐ _____
☐ _____
☐ _____

🛍️ 표현 기념품 하나 더 챙기기!

❶ 저기요, 죄송하지만 여기 제 자리 같아요.

익쓰큐즈 미, 암 어프뤠이드 디스 이즈 마이 씨-트.

☑ Excuse me, I'm afraid this is my seat.
☐ _____

❷ 다른 자리로 옮길 수 있을까요?

크드 아이 무브 투 어나덜 씨-트?

☑ Could I move to another seat?
☐ _____

 003 물건 요청하기

___월 ___일

펜 좀 빌릴 수 있을까요?

캔 아이 봐로우 어 펜, 플리즈?

Can I borrow a pen, please?

🛂 로라 쌤과 함께 입국 준비!

무언가를 빌릴 때 사용하는 표현은 세 가지가 있어요.

내가 빌리는 것	내가 빌려주는 것	돈을 주고 빌리는 것
Borrow 봐로우	Lend 렌드	Rent 뤤트

✏️ 내 글씨로 여행 즐기기!

☐
☐
☐

🛍️ 표현 기념품 하나 더 챙기기!

❶ 제가 빌릴 수 있는 펜이 있나요?

두 유 해브 어 펜 아이 캔 봐로우?

☑ Do you have a pen I can borrow?

☐

❷ 펜 필요하신가요?

두 유 니러 펜?

☑ Do you need a pen?

☐

004 물건 요청하기

담요 하나 더 주세요.

캔 아이 겟 언 엑스트롸 브랜킷, 플리즈?

Can I get an extra blanket, please?

🌐 로라 쌤과 함께 입국 준비!

본래 정해진 양이나 개수보다 더 요청할 경우는 'extra'를, 정해진 개수가 처음부터 정해져 있지 않은 경우에는 'more'를 사용하는 경향이 있어요. 하지만 보편적으로 두 표현 모두 교차하며 사용하기도 합니다.

✏️ 내 글씨로 여행 즐기기!

☐
☐
☐

🛍️ 표현 기념품 하나 더 챙기기!

❶ 베개 하나 더 주세요.

캔 아이 겟 언 엑스트롸 필로우, 플리즈?

☑ Can I get an extra pillow, please?

☐

❷ 커피 더 주세요.

캔 아이 겟 몰 커피, 플리즈?

☑ Can I get more coffee, please?

☐

얼음이 들어간 위스키 주세요.

캔 아이 해브 위스키 언 더 락쓰?

Can I have whiskey on the rocks?

📔 로라 쌤과 함께 입국 준비!

위스키에 'Ice cubes', 즉 각빙(얼음덩이)을 넣어달라고 요청할 때 원어민들은 'on the rocks'라고 말한답니다.

✏️ 내 글씨로 여행 즐기기!

☐
☐
☐

🛍️ 표현 기념품 하나 더 챙기기!

❶ 과자 좀 주세요.

   캔 아이 겟 썸 스낵스?

☑ Can I get some snacks?

☐

❷ 파스타 하나 주세요.

   캔 아이 겟 어 파스타?

☑ Can I get a pasta?

☐

면세품을 구입할 수 있을까요?

캔 아이 펄췌스 두리 프뤼 아이름스?

Can I purchase duty-free items?

🛂 로라 쌤과 함께 입국 준비!

미국 항공들은 기내에서 면세품을 팔지 않아요. 다른 항공사에서 구매하고자 할 때는 상품의 가격을 미리 조사해서 기내 면세품이 더 저렴한지 확인하시는 것을 추천합니다. 때로는 공항 면세점이나 온라인에서 더 저렴하게 구매가 가능하기 때문이에요.

✏️ 내 글씨로 여행 즐기기!

☐
☐
☐

🛍️ 표현 기념품 하나 더 챙기기!

❶ 현금으로 계산할 수 있을까요?
　캔 아이 페이 (인/윗) 캐쉬?
☑ Can I pay (in/with) cash?
☐

❷ 구매한 물품을 공항에서 픽업할 수 있나요?
　캔 아이 픽업 마이 펄췌스 엣 디 에얼포트?
☑ Can I pick up my purchase at the airport?
☐

목소리를 좀 낮춰 주시겠어요?

크쥬 키-입 유얼 보이스 다운, 플리즈?

Could you keep your voice down, please?

📔 로라 쌤과 함께 입국 준비!

기내에서 주변이 소란스러울 때 'Be quiet(조용히 해)'라고 말하면 굉장히 무례할 수 있어요. 이때 'keep down(억제하다, 낮추다)'이라는 표현을 이용해 '목소리 좀 낮춰 주시겠어요?'라고 부드럽게 표현해 보세요.

✏️ 내 글씨로 여행 즐기기!

☐ _____
☐ _____
☐ _____

🛍️ 표현 기념품 하나 더 챙기기!

❶ 저기요, 의자를 그만 걷어차 주시겠어요? 감사합니다.
익쓰큐즈 미, 크쥬 플리즈 스땁 키킹 마이 췌얼? 땡큐.
✅ Excuse me, could you please stop kicking my chair? Thank you.
☐ _____

❷ 의자를 바로 세워 주시겠어요? 감사합니다.
크쥬 플리즈 풋 유얼 췌얼 인 더 업라잇 포지션? 땡큐.
✅ Could you please put your chair in the upright position? Thank you.
☐ _____

 **008 고장 문의하기**

___월 ___일

제 헤드폰이 고장났는데 다른 헤드폰을 받을 수 있을까요?

캔 아이 겟 어나덜 헤드폰? 마인 더즌 월크.

Can I get another headphone?
Mine doesn't work.

표현 영상

🛂 로라 쌤과 함께 입국 준비!

리모콘, 헤드폰, 조명 등 무언가가 작동을 하지 않거나 고장이 났을 때는 '명사 + doesn't work' 표현만 기억하면 됩니다. 'Work'는 '일하다', '근무하다' 외에도 '작동하다', '머리나 기계 등이 돌아가다'라는 뜻을 가지고 있답니다.

✏️ 내 글씨로 여행 즐기기!

☐ _____
☐ _____
☐ _____

🛍️ 표현 기념품 하나 더 챙기기!

❶ 제 스크린이 고장난 것 같아요.
아이 돈 띵크 마이 스크린 이즈 월킹.
☑ I don't think my screen is working.
☐ _____

❷ 이거 어떻게 사용해요?
하우 두 유 월크 디스?
☑ How do you work this?
☐ _____

009 입국 심사에서 대답하기

여행하러 왔어요.

암 히얼 투 트뤠블.

I'm here to travel.

📕 로라 쌤과 함께 입국 준비!

입국 심사는 이 두 패턴만 확실히 구사할 수 있다면 걱정 없어요!

~하러 왔어요	~을 위해 왔어요
I'm here to + 동사원형	I'm here for + 명사/동명사

📝 내 글씨로 여행 즐기기!

☐
☐
☐

🛍️ 표현 기념품 하나 더 챙기기!

❶ 친구를 만나러 왔어요.

암 히얼 투 씨 마이 프뤤드.

☑ I'm here to see my friend.

☐

❷ 비즈니스 때문에 왔습니다.

암 히얼 포올 비즈니스.

☑ I'm here for business.

☐

010 입국 심사에서 대답하기

휴가 중입니다.

암 언 마이 베케이션.

I'm on my vacation.

표현 영상

📔 로라 쌤과 함께 입국 준비!

전치사 'on'은 현재진행형인 나의 '상태'를 묘사할 때 사용하기도 합니다. '나는 ~하는 중이다'를 의미하는 'I'm on + 명사' 패턴은 특히나 'trip(여행)' 혹은 'vacation(휴가)'과 자주 사용돼요.

✏️ 내 글씨로 여행 즐기기!

☐
☐
☐

🛍️ 표현 기념품 하나 더 챙기기!

❶ 가족 여행 중이에요.
   암 언 어 페밀리 트립.
☑ I'm on a family trip.
☐

❷ 출장 중입니다.
   암 언 어 비즈니스 트립.
☑ I'm on a business trip.
☐

011 입국 심사에서 대답하기

저는 이곳에 6박 7일 머물어요.
암 히얼 포올 세븐 데이스 앤 씩쓰 나잇츠.
I'm here for 7 days and 6 nights.

📔 로라 쌤과 함께 입국 준비!
우리말로는 'N박 N일'을 말할 때, 'N박'이 먼저 나오지만 미국영어에서는 'N일'이 먼저 나오는 것이 보편적이에요. 하지만 순서가 달라도 어색하거나 틀리지는 않기에 걱정하지 않아도 됩니다.

✏️ 내 글씨로 여행 즐기기!

🛍️ 표현 기념품 하나 더 챙기기!

❶ 저는 하루 머물어요.
암 스테잉 포올 어 데이.
☑ I'm staying for a day.

❷ 저는 이곳에 3주 머물어요.
암 히얼 포올 쓰리 윅스.
☑ I'm here for 3 weeks.

미국은 처음이에요.

잇츠 마이 펄스트 타임 비지링 어뭬뤼카.

It's my first time visiting America.

📔 로라 쌤과 함께 입국 준비!

입국 심사를 받을 때 떨리더라도 웃으며 'How are you?'라고 먼저 말을 건네면 보다 수월하게 통과할 수 있어요. 미소와 친절은 세계 어디에서나 통하는 매직입니다.

✏️ 내 글씨로 여행 즐기기!

☐
☐
☐

🛍️ 표현 기념품 하나 더 챙기기!

❶ 저는 비행기를 갈아타요. 샌프란시스코에서 경유해요.
아이 해브 어 커넥팅 플라잇. 아이 해브 어 레이오벌 인 샌프란시스코.
☑ I have a connecting flight. I have a layover in San Francisco.
☐

❷ 이번이 미국에 두 번째 오는 거예요.
잇 이즈 마이 세컨드 타임 인 어뭬뤼카.
☑ It is my second time in America.
☐

저는 8월 17일에 돌아갑니다.

아이 플라이 백 언 어거스트 세븐틴쓰.

I fly back on August 17th.

🛂 로라 쌤과 함께 입국 준비!

1일은 First, 2일은 Second, 3일은 Third, 4일부터는 숫자 뒤에 'th'를 붙여 주세요.
예 Fourth, Sixth, Seventh, Eighth, Nineth, tenth, eleventh
예외 5th = fiveth(x), Fifth(O) | 12th = twelveth(x), Twelfth(O)

✏️ 내 글씨로 여행 즐기기!

☐
☐
☐

🛍️ 표현 기념품 하나 더 챙기기!

❶ 돌아가는 비행기표가 있어요.
아이 해브 어 뤼턴 티켓.
☑ I have a return ticket.
☐

❷ 저는 1월 31일에 돌아갑니다.
아이 고 백 언 쮀뉴어뤼 썰리 펄스트.
☑ I go back on January 31st. (thirty first)
☐

014 공항에서 환전하기

___월 ___일

30만원을 달러로 환전하고 싶어요.

아이 우드 라잌 투 익스췌인쥐 쓰뤼 헌드뤠드 따우즌 원 인투 유에스 달러스.

I would like to exchange 300,000 won into US dollars.

📔 로라 쌤과 함께 입국 준비!

다양한 통화를 원할 땐 자유롭게 충전할 수 있고 수수료를 절감할 수 있는 '트레블 카드'를 추천해요. 미리 충전한 금액 내에서만 사용할 수 있어서 예산 관리하기에도 좋답니다.

✏️ 내 글씨로 여행 즐기기!

☐
☐
☐

🛍️ 표현 기념품 하나 더 챙기기!

❶ 어디서 환전할 수 있죠?

웨얼 캔 아이 익스췌인쥐 머니?

✅ Where can I exchange money?

☐

❷ (더 작은 단위의) 잔돈으로 바꿔 주실 수 있나요?

두 유 해브 스멀럴 빌즈?

✅ Do you have smaller bills?

☐

실제상황 ▶LIVE ①

'would you'를 '우드 유'로 발음하면 안 되나요?

 Lora 쌤!

기내에서 승무원이 "What would you like to drink?"라고 물을 때, '우드 유'가 아니라 '우쥬'로 발음하잖아요. '우드 유'로 발음하는 원어민들도 있던데, 무엇이 다른 건가요?

 안녕하세요 로라예요!

영어에서는 연이어서 발음하면 발음이 뭉개져서 다르게 발음되는 경우가 있어요. 이러한 현상을 '구개음화'라고 합니다. 우리는 아는 만큼 보이고 아는 만큼 들리기 때문에 이러한 현상을 모르면 아는 단어이지만 알아듣지 못할 수 있답니다. 단어의 끝이 'D'로 끝나고 다음 단어가 'Y'로 시작할 때 '즈' 사운드가 납니다. 연이어서 발음할 때 말이죠. 따라서 'Would you'를 원어민 속도로 말하게 되면 '우쥬'가 됩니다. 'Could you'도 마찬가지예요, 천천히 말하면 '쿠느 유'이지만 연이어서 발음하면 '쿠쥬'가 됩니다. T가 Y를 만나도 마찬가지인데요. 영상을 통해 알아볼까요?

LIVE 영상

▶LIVE ② 실제상황

두근두근! 기내에서 영어로 음료 주문해 보기

승무원: Something to drink here?
여기 음료 드릴까요?

로라: Can I please get an orange juice and a little bit of coke? Or a can of coke?
오렌지주스 한 개와 콜라 조금 아니면 캔으로 하나 주세요.

승무원: Ok! Would you like ice with that?
네! 얼음도 같이 드릴까요?

로라: Easy on the ice, please.
아이스는 조금만 부탁드려요.

승무원: Anything else I can get for you?
더 필요하신 것은 없으신가요?

로라: That's it! Thank you very much!
아니요 없습니다. 고맙습니다!

승무원: No problem!
천만에요!

LIVE 영상

실제상황
기내에서 영어로 음료 주문하기

2

조금 복잡하지만 괜찮아
교통수단 이용하기

2장 전체 듣기

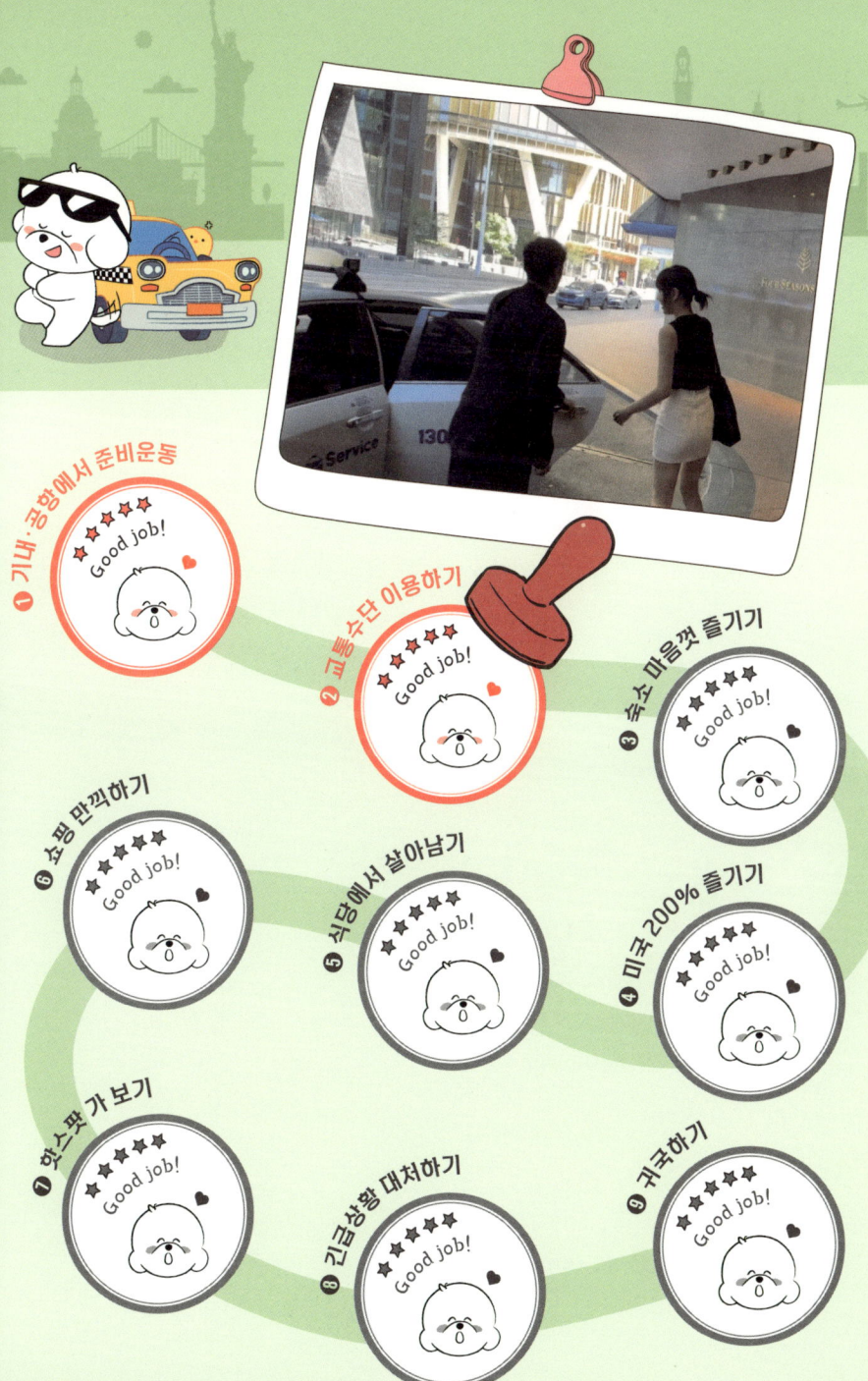

015 택시에서 목적지 말하기

하얏트 호텔로 가 주세요.

크쥬 테잌 어스 투 더 하얏 (호텔)?

Could you take us to the Hyatt (hotel)?

📕 로라 쌤과 함께 입국 준비!

현재 미국에서는 택시보다 저렴한 Uber와 Lyft를 훨씬 더 많이 이용한답니다. 사용 방법도 매우 간단하기 때문에 미국을 여행한다면 앱을 다운받는 것을 추천해 드려요.

✏️ 내 글씨로 여행 즐기기!

☐ _____
☐ _____
☐ _____

🛍️ 표현 기념품 하나 더 챙기기!

❶ 디즈니랜드로 가 주세요.

암 고잉 투 디즈니랜드.

☑ I'm going to Disneyland.
☐ _____

❷ 미터기 키셨나요?

두 유 해브 어 페얼 미럴 언?

☑ Do you have a fare meter on?
☐ _____

016 택시에서 내리기

여기서 내려 주시겠어요?

크쥬 드롭 미 어프 히얼, 플리즈?

Could you drop me off here, please?

📘 로라 쌤과 함께 입국 준비!

'Stop here'은 길을 가다가 중간에 갑자기 멈추는 것을 의미하기에 올바른 표현이 아닙니다. '차로 내려주다'를 뜻하는 구동사 'drop off'를 사용해 주세요.

✏️ 내 글씨로 여행 즐기기!

☐
☐
☐

🛍️ 표현 기념품 하나 더 챙기기!

❶ 여기 길가에 세워 주세요.

크쥬 풀 오벌 히얼, 플리즈?

☑ Could you pull over here, please?

☐

❷ 여기서 내릴게요.

아일 겟 어프 히얼.

☑ I'll get off here.

☐

 **017 얼마나 걸리는지 물어보기**

센트럴 파크까지 얼마나 걸리나요?

하우 렁 더즈 잇 테잌 투 쎈트뤌 팔크?

How long does it take to Central Park?

📔 로라 쌤과 함께 입국 준비!

목적지까지 얼마나 걸리는지 궁금하다면 'How long does it take to + 목적지?' '~까지 얼마나 걸리나요?' 패턴을 사용해 보세요.

✏️ 내 글씨로 여행 즐기기!

☐
☐
☐

🛍️ 표현 기념품 하나 더 챙기기!

❶ 여기서 먼가요?

이즈 잇 팔 프롬 히얼?

☑ Is it far from here?

☐

❷ 여기서 가까운가요?

이즈 잇 클로스 프롬 히얼?

☑ Is it close from here?

☐

018 에어컨 줄여 달라고 요청하기

에어컨 좀 줄여주시겠어요?

크쥬 턴 다운 디 에이씨, 플리즈?

Could you turn down the AC, please?

📕 로라 쌤과 함께 입국 준비!

소리, 온도 등을 낮추고 줄이는 것은 구동사 'turn down'을, 더 높이고 올리는 것은 'turn up'을 사용할 수 있어요. 에어컨은 대부분 줄여서 'AC'라고 한다는 것도 기억해 주세요.

✏️ 내 글씨로 여행 즐기기!

☐ _____
☐ _____
☐ _____

🛍️ 표현 기념품 하나 더 챙기기!

❶ 히터 좀 더 세게 틀어 주세요.
크쥬 턴 업 더 히럴, 플리즈?
☑ Could you turn up the heater, please?
☐ _____

❷ 히터 좀 줄여 주세요.
크쥬 로월 더 히럴, 플리즈?
☑ Could you lower the heater, please?
☐ _____

 **019 속도 줄여 달라고 요청하기**

 ___월 ___일

조금만 천천히 가 주세요.

크쥬 슬로우 다운 어 리를 빗?

Could you slow down a little bit?

🛂 로라 쌤과 함께 입국 준비!

이 표현은 택시에서 뿐만 아니라 상대의 말이 너무 빠를 때, '조금만 천천히 말씀해 주시겠어요?'라는 의미로도 사용된답니다.

✏️ 내 글씨로 여행 즐기기!

☐
☐
☐

🛍️ 표현 기념품 하나 더 챙기기!

❶ 조금만 빨리 가 주세요.

크쥬 고 어 리를 빗 패스털?

☑ Could you go a little bit faster?

☐

❷ 조용히 가고 싶어요.

아이 프뤼펄 어 콰이엇 롸이드.

☑ I prefer a quiet ride.

☐

카드로 계산할게요.

아일 페이 바이 칼드.

I'll pay by card.

📔 로라 쌤과 함께 입국 준비!

미국에서 택시, Uber, Lyft 등을 이용했다면 15~20% 팁을 지불하는 것이 'Social Norm (사회 규범)'으로 여겨지고 있어요. 카드로 같이 지불할 수 있고 현금으로 따로 지불할 수도 있습니다.

✏️ 내 글씨로 여행 즐기기!

☐
☐
☐

🛍️ 표현 기념품 하나 더 챙기기!

❶ 카드로 계산할게요.
   아일 페이 윗 어 칼드.
☑ I'll pay with a card.
☐

❷ 현금으로 낼게요.
   아일 페이 (인) 캐쉬.
☑ I'll pay (in) cash.
☐

021 버스/지하철 티켓 구매하기

___월 ___일

어른표 두 장 그리고 어린이표 두 장 주세요.

캔 아이 겟 투 어덜 티켓츠 앤 투 칠드뤈즈 티켓츠?

Can I get 2 adult tickets and 2 children's tickets?

표현 영상

로라 쌤과 함께 입국 준비!

편도권	왕복권	어른표	어린이표	경로표
One-way ticket 원웨이 티켓	Round trip ticket 롸운드 트립 티켓	Adult ticket 어덜 티켓	Children's ticket 칠드뤈스 티켓	Senior ticket 시니얼 티켓

내 글씨로 여행 즐기기!

☐
☐
☐

표현 기념품 하나 더 챙기기!

❶ 공항으로 가는 편도 티켓 주세요.
캔 아이 겟 어 원웨이 티켓 투 디 에얼폴트?
☑ Can I get a one-way ticket to the airport?
☐

❷ 총 얼마죠?
하우 머취 이즈 잇 인 토털?
☑ How much is it in total?
☐

 022 버스/지하철 티켓 구매하기

하루 이용권 두 장 주세요.

캔 아이 겟 투 얼 데이 패스스?

Can I get two all-day passes?

📘 로라 쌤과 함께 입국 준비!

하루 이용권	이틀 이용권	3일 이용권
All-day pass/ticket	Two-day pass/ticket	Three-day pass/ticket
얼데이 패스/티켓	투데이 패스/티켓	쓰뤼데이 패스/티켓

✏️ 내 글씨로 여행 즐기기!

☐ _____
☐ _____
☐ _____

🛍️ 표현 기념품 하나 더 챙기기!

❶ 3일 이용권 주세요.
   캔 아이 겟 어 쓰뤼 데이 패스/티켓?
☑ Can I get a 3-day pass/ticket?
☐ _____

❷ 한 명당 얼마죠?
   하우 머취 이즈 잇 펄 펄슨?
☑ How much is it per person?
☐ _____

023 목적지에 가는지 물어보기

이 버스가 센트럴 파크로 가나요?

더즈 디스 버스 고우루 센트뤌 팔크?

Does this bus go to Central Park?

표현 영상

📖 로라 쌤과 함께 입국 준비!

'Does this bus/subway/train go to + 목적지'는 '~이 버스/전철/기차가 ~에 가나요?' 라는 의미로, 전철·기차·버스 등이 원하는 목적지에 가는지 물을 때 유용하게 사용할 수 있는 패턴이랍니다.

✏️ 내 글씨로 여행 즐기기!

🛍️ 표현 기념품 하나 더 챙기기!

❶ 어떤 버스가 월 스트리트로 가나요?

위치 버스 고으스 투 월 스트뤼트?

☑ Which bus goes to Wall Street?

❷ 이 버스가 브로드웨이에 서나요?

더즈 디스 버스 스땁 엣 브롸드웨이?

☑ Does this bus stop at Broadway?

 **024 환승하기**

 ___월 ___일

2호선으로 어떻게 환승하나요?

하우 두 아이 트렌스펄 투 라인 넘벌 투?

How do I transfer to line number 2?

📘 로라 쌤과 함께 입국 준비!

뉴욕이나 유럽에서 버스나 전철을 탈 때는 소매치기가 많아 각별히 신경을 써야 합니다. 핸드폰은 주머니에 넣지 말고 가방에 안전하게 넣어 주세요.

✏️ 내 글씨로 여행 즐기기!

☐
☐
☐

🛍️ 표현 기념품 하나 더 챙기기!

❶ 1번 출구가 어디인가요?

웨얼 이즈 디 엑씻 넘벌 원?

☑ Where is the exit number 1?

☐

❷ 이 기차가 베니스로 가는 기차가 맞나요?

이즈 디스 더 롸잇 트뤠인 폴 베니스?

☑ Is this the right train for Venice?

☐

실제상황 ▶ LIVE ①

"여기 세워 주세요"는 뭐라고 하면 되나요?

 Lora 쌤!

택시에서 내릴 때, '여기 세워 주세요'를 저는 지금까지 'Stop here'이라고 했는데, 기사분이 당황하더라고요. 틀린 표현인가요?

 안녕하세요 로라예요!

틀리면 어떤가요? 괜찮습니다. 우리는 실수하면서 배우는 거예요!
'Stop'은 '멈추다'라는 뜻을 가지고 있어서, 길을 가다가 갑자기 길 중앙에 멈추는 것을 의미해요. 그러면 큰일 나겠죠? 따라서 '내려주다', '차 등으로 떨궈주다'의 의미를 가진 'drop off'를 사용하거나 '길가에 차를 세우다'는 뜻을 가진 'Pull over'를 사용하셔야 합니다. 영어에서는 'drop off'

와 같은 구동사가 있어요. 뒤에 무엇이 오느냐에 따라서 의미가 천차만별로 달라집니다. 'drop'은 잘못해서 '떨어지다', '떨어뜨리다'란 의미이기 때문에 물건을 실수로 떨어뜨렸을 때 대부분 사용돼요. 나아가 'drop someone'은 '~를 버리다'라는 의미로 사용된답니다. 이해가 되셨나요?

자, 그럼 이제 뉴욕에서 로라와 택시를 타러 출발해 볼까요?

LIVE 영상

 **LIVE ❷ 실제상황**

(홍콩에서 죽을뻔한 썰) 천천히 좀 가 주세요!

로라
Ok…I'm scared right now.
음…나 지금 무서워.

I'm scared for life! Oh, my Goodness!
너무 무서워! 오 마이갓!

Can you slow down a little bit? I'm scared.
조금 천천히 가 주실 수 있나요? 무서워요.

택시 기사
Slow?
천천히요?

로라
Yes, slow down a little bit. I'm scared.
네, 조금 천천히 가 주세요. 무서워요.

호텔 직원
This car is very good.
이 차는 아주 좋은 차예요.

로라
Oh, your car is very good. Okay.
아, 아주 좋은 차군요. 알겠습니다.

LIVE 영상

3
내가 묵을 곳은 여기
숙소 마음껏 즐기기

3장 전체 듣기

① 기내·공항에서 준비운동

② 교통수단 이용하기

③ 숙소 마음껏 즐기기

⑥ 쇼핑 만끽하기

⑤ 식당에서 살아남기

④ 미국 200% 즐기기

⑦ 핫스팟 가 보기

⑧ 긴급상황 대처하기

⑨ 귀국하기

로라킴으로 예약했습니다.

아이 메이드 어 뤠절베이션 언덜 (더 네임) 로라 킴.

I made a reservation under (the name) Lora Kim.

🌐 로라 쌤과 함께 입국 준비!

미국 호텔은 대부분 어메니티(객실 내 비품), 수영장, 스파, 피트니스 등의 사용료인 'Resort fee'가 있답니다. 호텔을 예약할 때는 포함되지 않기 때문에 현장에서 놀랄 수 있어요. 호텔을 예약할 때 꼭 'Resort fee'가 있는지 먼저 확인하는 것을 추천드립니다.

✏️ 내 글씨로 여행 즐기기!

☐
☐
☐

🛍️ 표현 기념품 하나 더 챙기기!

❶ 체크인하고 싶습니다.

캔 아이 췍 인, 플리즈?

☑ Can I check in, please?

☐

❷ 여기 제 예약 확인 번호입니다.

히얼 이즈 마이 컨펄메이션 넘버.

☑ Here is my confirmation number.

☐

 **026 체크인하기**

혹시 일찍 체크인할 수 있을까요?

이즈 데얼 에니 췐스 아이 크드 첵 인 얼리?

Is there any chance I could check in early?

📔 로라 쌤과 함께 입국 준비!

조기 체크인을 할 경우 대부분 1박 비용을 지불하지만 무료로 제공하는 곳도 있답니다. 호텔에 너무 일찍 도착했다면 이 표현을 꼭 기억하여 물어보는 것을 추천해 드립니다.

✏️ 내 글씨로 여행 즐기기!

☐ _____
☐ _____
☐ _____

🛍️ 표현 기념품 하나 더 챙기기!

❶ 일찍 체크인하는 데 비용이 얼마나 드나요?
하우 머취 더짓 커스 투 첵 인 얼리?
☑ How much does it cost to check in early?
☐ _____

❷ 일찍 체크인이 가능할까요?
우드 잇 비 파스블 투 첵 인 얼리?
☑ Would it be possible to check in early?
☐ _____

027 체크인 전 짐 맡기기

체크인 전까지 짐 좀 맡아 주실 수 있나요?

캔 아이 리-브 마이 러게쥐 비폴 첵 인?

Can I leave my luggage before check-in?

🛂 로라 쌤과 함께 입국 준비!

'check in'은 명사 혹은 동사로 사용됩니다. 명사의 경우 '-'기호가 들어갑니다.

Check in / Check out	Check-in / Check-out
체크인하다 / 체크아웃하다	체크인 / 체크아웃

✏️ 내 글씨로 여행 즐기기!

☐
☐
☐

🛍️ 표현 기념품 하나 더 챙기기!

❶ 이곳에 일찍 도착했어요.
  아이 갓 히얼 얼리.
  ☑ I got here early.
  ☐

❷ 체크인할 때까지 짐을 여기 보관하는 게 가능할까요?
  이즈 잇 파스블 투 키-입 마이 베그스 히얼 언틸 아이 첵 인?
  ☑ Is it possible to keep my bags here until I check in?
  ☐

 **028 고층 룸 배정 부탁하기**

 ___월 ___일

더 높은 층의 방을 받을 수 있을까요?

캔 아이 해브 어 룸 언 어 하이얼 플로얼?

Can I have a room on a higher floor?

📘 로라 쌤과 함께 입국 준비!

인기가 많은 호텔들은 예약 시 높은 층을 요구했음에도 먼저 체크인하는 사람 위주로 뷰가 좋은 방을 배정해 주는 경우가 많아요. 좋은 뷰를 원하신다면 미리 확인해 보고, 미리 체크인 하시는 것을 추천해요.

✏️ 내 글씨로 여행 즐기기!

☐
☐
☐

🛍️ 표현 기념품 하나 더 챙기기!

❶ 더 높은 층에 다른 방이 있나요?
두 유 해브 에니 어덜 룸스 어베일러블 언 하이얼 플로얼스?
☑ Do you have any other rooms available on higher floors?
☐

❷ 뷰가 좋은 방을 받을 수 있을까요?
캔 아이 겟 어 룸 윗 어 그뤠잇 뷰?
☑ Can I get a room with a great view?
☐

피트니스는 무료인가요?

이즈 더 짐 컴플리메너뤼?

Is the gym complimentary?

🌐 로라 쌤과 함께 입국 준비!

호텔에서는 '공짜'를 뜻하는 'free'라는 표현보다는 조금 더 격식을 갖춘 '무료의'라는 뜻을 가진 'complimentary'를 더 많이 사용합니다. '서비스'는 콩글리시라는 것도 기억해 주세요!

✏️ 내 글씨로 여행 즐기기!

☐ _____
☐ _____
☐ _____

🛍️ 표현 기념품 하나 더 챙기기!

❶ 스파는 무료인가요?

이즈 더 스파 컴플리메너뤼?

☑ Is the spa complimentary?

☐ _____

❷ 수영장은 무료인가요?

이즈 더 스위밍풀 컴플리메너뤼?

☑ Is the swimming pool complimentary?

☐ _____

피트니스는 언제 여나요?

웬 더즈 더 짐 오픈?

When does the gym open?

📔 로라 쌤과 함께 입국 준비!

조식의 경우 'start(시작하다)'와 'end(끝나다)'를 사용한다면 수영장, 피트니스 등은 'open(열다)'과 'close(닫다)'를 사용한답니다.

✏️ 내 글씨로 여행 즐기기!

☐
☐
☐

🛍️ 표현 기념품 하나 더 챙기기!

❶ 수영장은 몇 시에 닫나요?

왓 타임 더즈 더 스위밍 풀 클로즈?

☑ What time does the swimming pool close?

☐

❷ 지금 열려 있나요?

알 유 오픈 롸잇 나우?

☑ Are you open right now?

☐

 **031 호텔 및 주변 시설 문의하기**

주변에 마켓이 있나요?

이즈 데얼 어 마켓 어라운드 히얼?

Is there a market around here?

📕 로라 쌤과 함께 입국 준비!

'Is there + 명사 + around here?'는 '주변에 ~이 있나요?'라는 의미로, 머물고 있는 숙소 주변에 맛집·마켓·편의점·카페 등이 있는지 묻고 싶을 때 유용하게 사용할 수 있는 패턴이에요.

✏️ 내 글씨로 여행 즐기기!

☐ _____
☐ _____
☐ _____

🛍️ 표현 기념품 하나 더 챙기기!

❶ 주변에 맛집이 있나요?
　 이즈 데얼 어 굿 뤠스터롼트 어라운드 히얼?
☑ Is there a good restaurant around here?
☐ _____

❷ 가까운 곳에 ATM이 있나요?
　 이즈 데얼 언 에이티엠 니얼바이?
☑ Is there an ATM nearby?
☐ _____

 **032 조식 문의하기**

___월 ___일

조식은 몇 시에 끝나요?

왓 타임 더즈 브뤡퍼스트 엔드?

What time does breakfast end?

🛂 로라 쌤과 함께 입국 준비!

조식의 경우 수영장이나 피트니스와 달리 한정된 시간 동안 제공되는 서비스이기 때문에 'open(열다)'과 'close(닫다)'를 사용하지 않고, 'start(시작하다)'와 'end(끝나다)'를 사용한답니다.

✏️ 내 글씨로 여행 즐기기!

☐ _____

☐ _____

☐ _____

🛍️ 표현 기념품 하나 더 챙기기!

❶ 조식은 언제 시작하나요?

웬 더즈 브뤡퍼스트 스탈트?

☑ When does breakfast start?

☐ _____

❷ 조식은 어디죠?

웨얼 이즈 브뤡퍼스트 설브드?

☑ Where is breakfast served?

☐ _____

033 룸서비스 및 모닝콜 요청하기

룸서비스를 주문하고 싶습니다.

아이 우드 라익 투 올덜 룸 설비스.

I would like to order room service.

🛂 로라 쌤과 함께 입국 준비!

오믈렛	한쪽만 익힌	양쪽 살짝만 익힌	양쪽 모두 완벽히 익힌	스크램블	수란
Omelet 어믈렛	Sunny side up 써니 사이럽	over easy 오벌 이지	over hard 오벌 할드	Scrambled 스크뤰블드	Poached 포취드

✏️ 내 글씨로 여행 즐기기!

☐ _____
☐ _____
☐ _____

🛍️ 표현 기념품 하나 더 챙기기!

① 계란을 양쪽 모두 살짝 익혀 주세요.
캔 아이 해브 마이 에그스 오벌 이지?
☑ Can I have my eggs over easy?
☐ _____

② 양쪽 모두 완벽히 익힌 계란 주세요.
캔 아이 해브 오벌 할드 에그스?
☑ Can I have over hard eggs?
☐ _____

6시에 모닝콜 부탁드려요.

캔 아이 겟 어 웨익업 컬 엣 씩스, 플리즈?

Can I get a wake-up call at 6, please?

🛂 로라 쌤과 함께 입국 준비!

'모닝콜'은 콩글리시라는 거 알고 계셨나요? 올바른 표현은 'Wake-up call'이 되겠어요. "Would you like a second call(두 번 전화해 드릴까요)?"이라고 질문받을 수 있으니 이 표현도 기억해 주세요.

✏️ 내 글씨로 여행 즐기기!

☐
☐
☐

🛍️ 표현 기념품 하나 더 챙기기!

❶ 두 번 전화해 주세요.

아이 우드 라익 어 세컨 컬, 플리즈.

☑ I would like a second call, please.

☐

❷ 7시에 모닝콜 부탁드려요.

아이 우드 라익 투 뤼크웨스트 어 웨이껍 컬 엣 세븐.

☑ I would like to request a wake-up call at 7.

☐

 **035 와이파이 문의하기**

 ___월 ___일

이용 가능한 와이파이가 있나요?

이즈 데얼 와이파이 어베일러블?

Is there Wi-Fi available?

📘 로라 쌤과 함께 입국 준비!

이 표현은 호텔뿐만 아니라 카페에서 등 여행하면서 매우 유용하게 사용할 수 있는 표현이라 꼭 기억해 주세요. 와이파이 비밀번호는 'password'입니다.

✏️ 내 글씨로 여행 즐기기!

☐ _____
☐ _____
☐ _____

🛍️ 표현 기념품 하나 더 챙기기!

❶ 와이파이 비밀번호는 무엇인가요?

왓츠 더 와이파이 패스월드?

☑ What's the Wi-Fi password?
☐ _____

❷ 와이파이 이름이 무엇인가요?

왓츠 더 네임 어브 와이파이 넷월크?

☑ What's the name of Wi-Fi network?
☐ _____

036 도움 요청하기

키를 방에 두고 나왔어요.

암 락드 아웃.

I'm locked out.

🛂 로라 쌤과 함께 입국 준비!

밖에서 잠겨 안에 들어가지 못하는 상태	안에서 잠겨 나가지 못하는 상태
Locked out 락드 아웃	Locked in 락드 인

✏️ 내 글씨로 여행 즐기기!

☐
☐
☐

🛍️ 표현 기념품 하나 더 챙기기!

❶ 키를 안에 두고 나온 것 같아요.
  아이 머스트 해브 레프 더 키 인싸이드.
✅ I must have left the key inside.
☐

❷ 화장실에 갇혔어요.
  아이 갓 락드 인 더 베쓰룸.
✅ I got locked in the bathroom.
☐

 **037 물건 요청하기**

수건을 좀 더 부탁해요.

캔 아이 겟 몰 타올스, 플리즈?

Can I get more towels, please?

🛂 로라 쌤과 함께 입국 준비!

'새 수건'은 'fresh towel'이라고 해요. 직역하여 'new towel'이라고 말하지 않도록 주의해 주세요.

✏️ 내 글씨로 여행 즐기기!

☐ _____
☐ _____
☐ _____

🛍️ 표현 기념품 하나 더 챙기기!

❶ 새 수건을 더 부탁해요.
   캔 아이 겟 엑쓰트롸 프뤠쉬 타올스, 플리즈?
☑ Can I get extra fresh towels, please?
☐ _____

❷ 무료로 제공하는 물병을 좀 더 부탁해요.
   캔 아이 해브 엑쓰트롸 컴플리메너뤼 워럴 바럴스, 플리즈?
☑ Can I have extra complimentary water bottles, please?
☐ _____

변환기 좀 빌릴 수 있을까요?

캔 아이 봐로우 어댑털스, 플리스

Can I borrow adaptors, please?

표현 영상

📘 로라 쌤과 함께 입국 준비!

일명 '돼지코'로 불리고 있는 변환기는 'adaptor'이라고 해요.

110볼트	220볼트
미국, 캐나다, 일본, 멕시코, 일부 남미 국가	한국, 중국, 대부분의 유럽국가, 호주, 인도, 러시아

✏️ 내 글씨로 여행 즐기기!

☐
☐
☐

🛍️ 표현 기념품 하나 더 챙기기!

❶ 우산을 빌릴 수 있을까요?

캔 아이 봐로우 엄브렐라스, 플리즈?

☑ Can I borrow umbrellas, please?

☐

❷ 보조 배터리를 빌릴 수 있을까요?

캔 아이 봐로우 어 파월 뱅크?

☑ Can I borrow a power bank?

☐

커피포트 좀 부탁해요.

캔 아이 해브 언 일렉트뤽 케를, 플리즈?

Can I have an electric kettle, please?

📕 로라 쌤과 함께 입국 준비!

'커피포트'는 콩글리시입니다. 'Port'는 항구를 의미해요. 어떤 이유로 물을 끓이고 싶다면 '(water) boiler' 혹은 '전기 주전자'를 의미하는 'electric kettle'을 요청해 보세요. 혹시 컵라면을 드신다면 음식물 쓰레기가 남지 않게 잘 처리해 주세요.

✏️ 내 글씨로 여행 즐기기!

☐
☐
☐

🛍️ 표현 기념품 하나 더 챙기기!

❶ 혹시 가습기가 있나요?
　두 유 해브 어 휴미디파이얼 바이 에니 췐스?
☑ Do you have a humidifier by any chance?
☐

❷ 커피포트를 방으로 보내주실 수 있나요?
　캔 아이 해브 어 보일럴 브룻 투 마이 룸, 플리즈?
☑ Can I have a boiler brought to my room, please?
☐

040 택시 요청하기

택시 좀 불러 주세요.

캔 유 컬 어 캡 폴 미?

Can you call a cab for me?

📔 로라 쌤과 함께 입국 준비!

'Cab'과 'Taxi' 둘 다 사용하는 표현이지만, 'Taxi'는 동부에서, 'Cab'은 서부에서 사용되는 경향이 있답니다.

✏️ 내 글씨로 여행 즐기기!

☐ _____
☐ _____
☐ _____

🛍️ 표현 기념품 하나 더 챙기기!

❶ 공항으로 가는 택시 부탁드려요.
  캔 아이 겟 어 택씨 투 디 에얼폴트?
☑ Can I get a taxi to the airport?
☐ _____

❷ 제 우버 기다리고 있어요.
  암 웨이링 폴 마이 우벌.
☑ I'm waiting for my Uber.
☐ _____

 **041 고장 수리 요청하기**

변기가 막혔어요.

마이 토이릿 이즈 클라그드.

My toilet is clogged.

📻 로라 쌤과 함께 입국 준비!

화장실 세면대가 막혔을 때도 단어만 바꿔 'My bathroom sink is clogged(세면대가 막혔어요)!'라고 말하면 된답니다. 마찬가지로 숙소 부엌 싱크대가 막혔다면 'My kitchen sink is clogged!'라고 말해 보세요.

✏️ 내 글씨로 여행 즐기기!

🛍️ 표현 기념품 하나 더 챙기기!

❶ 변기가 내려가지 않아요.
   마이 토일릿 웅트 플러쉬.
☑ My toilet won't flush.

❷ 화장실 싱크대 물이 잘 내려가지 않아요.
   마이 베스룸 씽크 이즌 드뤠이닝 프롸퍼리.
☑ My bathroom sink isn't draining properly.

아직도 방이 정돈되지 않았어요.

아이 해븐 가튼 턴다운 썰비스 옛.

I haven't gotten turn down service yet.

📔 로라 쌤과 함께 입국 준비!

호텔에서 투숙객을 위해 침구와 객실을 정리하는 서비스를 'Turn down service'라고 해요. 오전뿐만 아니라 따로 요구하시면 취침 전에도 받으실 수 있답니다.

✏️ 내 글씨로 여행 즐기기!

☐ _____
☐ _____
☐ _____

🛍️ 표현 기념품 하나 더 챙기기!

❶ 방을 정돈해 주시겠어요?

캔 아이 뤼크웨스트 턴다운 설비스?

☑ Can I request turn down service?
☐ _____

❷ 방이 정돈되지 않았어요.

마이 룸 해슨 빈 크리인드.

☑ My room hasn't been cleaned.
☐ _____

043 불만 사항 요청하기

전 금연실을 예약했어요.

아이 뤼크웨스트드 어 넌 스모킹 룸.

I requested a non-smoking room.

🛂 로라 쌤과 함께 입국 준비!

'흡연실'은 'smoking room', '금연실'은 'non-smoking room'이에요. 미국 라스베가스 호텔은 금연실에서도 간혹 담배 냄새가 날 수 있고, 1층 게임장에서는 게임을 하면서 흡연을 할 수 있답니다.

✏️ 내 글씨로 여행 즐기기!

☐
☐
☐

🛍️ 표현 기념품 하나 더 챙기기!

❶ 방을 바꿔 주시겠어요?

아이 우드 라잌 투 뤼크웨스트 어 룸 췌인지.

☑️ I would like to request a room change.
☐

❷ 방에서 담배 냄새가 나요.

마이 룸 스멜스 라잌 씨거렛 스모크.

☑️ My room smells like cigarette smoke.
☐

044 하루 더 연장하기

하루 더 연장하고 싶어요.

아이 우드 라잌 투 익쓰텐드 마이 스테이 폴 원 몰 데이.

I would like to extend my stay for one more day.

🛂 로라 쌤과 함께 입국 준비!

일방적으로 내 의견만 내세우지 않고 상대의 상황을 좀 더 배려하며 요청하고 싶을 땐 'Would that be possible(가능할까요?)'을 붙여주면 더욱 예의 바르게 들린답니다.

📝 내 글씨로 여행 즐기기!

☐
☐
☐

🛍 표현 기념품 하나 더 챙기기!

❶ 하루 더 예약할 수 있을까요?
  크드 아이 북 언 에디셔널 나잇?
☑ Could I book an additional night?
☐

❷ 이틀 더 머무를 수 있을까요?
  크드 아이 스테이 폴 투 몰 데이스?
☑ Could I stay for two more days?
☐

실제상황 ▶LIVE ①

반숙 계란은 뭐라고 하나요?

 Lora 쌤!

호텔에서 조식을 먹을 때 혹은 룸서비스를 시킬 때 꼭 어떤 계란 요리를 원하냐고 물어보더라고요. 저는 스크램블과 그냥 프라이 된 계란 요리만 아는데 무슨 종류가 다섯 가지나 돼서 놀랐어요. 도대체 뭐가 다른 건가요?

 안녕하세요 로라입니다.

미국인들은 자신이 원하는 게 참 확실하죠? 스타벅스나 서브웨이를 보면 알 수 있죠. 정확하게 내가 원하는 것을 요구하는 것은 미국 문화인 것 같아요. 계란도 마찬가지라고 생각해 주세요. 가장 보편적인 계란 요리는 'Sunny side up' 노른자의 모양이 망가지지 않게 한쪽만 구운 계란을 의미해요. 계란 노른자를 확실치 익힌 프라이는 'Over hard', 완전히 익히지 않은 것은 'Over easy'라고 해요.
이 외에도 여러 가지의 계란 요리가 있죠? 영상을 통해서 더 자세히 알아볼까요?

LIVE 영상

▶ LIVE ② 실제상황

전화로 피트니스 언제 닫는지 물어보기

로라
Hi, Good evening.
안녕하세요.

직원
Hi! Good evening! How can I help you?
안녕하세요. 무엇을 도와드릴까요?

로라
What time does the fitness center close?
피트니스는 몇 시에 닫나요?

The gym.
체육관이요.

직원
The gym is 24 hours.
피트니스는 24시간이에요.

로라
It's 24 hours? Oh, wow!
24시간이에요? 좋네요!

Thank you very much.
감사합니다.

직원
You have a goodnight as well.
좋은 밤 되세요.

LIVE 영상

4

먹고 즐기고 마시고

미국 200% 즐기기

4장 전체 듣기

① 기내·공항에서 준비운동

② 교통수단 이용하기

③ 숙소 마음껏 즐기기

⑥ 쇼핑 만끽하기

⑤ 식당에서 살아남기

④ 미국 200% 즐기기

⑦ 핫스팟 가 보기

⑧ 긴급상황 대처하기

⑨ 귀국하기

 **045 WOLFGANG 스테이크**

스테이크는 미듐으로 해 주세요.

아이 우드 라익 마이 스테이크 미디움.

I would like my steak medium.

📕 로라 쌤과 함께 입국 준비!

'T-bone steak(티본스테이크)'와 'Porterhouse(포터하우스)'는 등심과 안심이 모두 포함된 스테이크입니다. 다른 점은 'Porterhouse'는 등심인 설로인의 사이즈가 3.2cm 보다 커야 한다고 해요. 울프강에서는 'Porterhouse'를 드시는 것을 추천해요.

✏️ 내 글씨로 여행 즐기기!

🛍️ 표현 기념품 하나 더 챙기기!

❶ 스테이크가 너무 부드러워요.

더 스테이크 이즈 쏘 텐덜.

☑ The steak is so tender.

❷ 스테이크 굽기는 어떻게 해 드릴까요?

하우 우쥬 라익 잇 던?

☑ How would you like it done?

046 IN-N-OUT 버거

콤보 1번 주세요.

아일 테익 어 컴보 넘벌 원.

I'll take a combo number 1.

📕 로라 쌤과 함께 입국 준비!

다이어트를 하고 있거나 빵을 먹고 싶지 않다면 'Protein style(프로틴 스타일)' 버거로 주문해 보세요! 빵 대신 양배추로 싸여진 햄버거입니다. 'Animal style(애니멀 스타일)' 프라이는 위에 치즈, 구워진 양파와 인앤아웃만의 시크릿 소스가 올려진 프렌치프라이 입니다.

✏️ 내 글씨로 여행 즐기기!

☐ _____
☐ _____
☐ _____

🛍️ 표현 기념품 하나 더 챙기기!

❶ 버거는 프로틴 스타일 그리고 프라이는 애니멀 스타일로 주세요.
캔 아이 해브 마이 벌걸 프로틴 스타일 앤 더 프라이스 애니멀 스타일?
☑ Can I have my burger protein style and the fries animal style?
☐ _____

❷ (인앤아웃 비밀 소스) 주세요.
캔 아이 겟 썸 스프뤠드?
☑ Can I get some spread?
☐ _____

___월 ___일

피클만 빼고 다 넣어 주세요.

캔 아이 해브 에브뤼띵 (인 잇) 익셉트 피끌스?

Can I have everything (in it) except pickles?

표현 영상

📖 로라 쌤과 함께 입국 준비!

양상추	오이	녹색 피망	시금치	바나나 고추
Lettuce	Cucumbers	Green pepper	Spinach	Banana peppers
레러스	큐컴벌스	그륀 페펄	스피니취	버네나 페펄스

✏️ 내 글씨로 여행 즐기기!

☐ _____
☐ _____
☐ _____

🛍️ 표현 기념품 하나 더 챙기기!

❶ (빵) 토스트 해 주세요.

캔 아이 해브 잇 토스트드?

☑ Can I have it toasted?

☐ _____

❷ 베이컨을 추가해 주세요.

캔 아이 에드 썸 베이컨 투 잇?

☑ Can I add some bacon to it?

☐ _____

048 CHIPOTLE 멕시칸 그릴

강남콩 반 검은콩 반 주세요.

캔 아이 해브 해프 핀토 빈-스 앤 해프 브랙 빈-스?

Can I have half pinto beans and half black beans?

📘 로라 쌤과 함께 입국 준비!

볼을 주문하고 또띠아를 (따로) 'on the side(추가 주문)'해서 브리또로 직접 만들어 먹어 보세요! 구아카몰리와 사워 크림을 추가하면 더욱 맛있답니다.

✏️ 내 글씨로 여행 즐기기!

☐
☐
☐

🛍️ 표현 기념품 하나 더 챙기기!

❶ 또띠아는 따로 주세요.
  캔 아이 해브 어 톨티야 언 더 사이드?
☑ Can I have a Tortilla on the side?
☐

❷ 고수가 없는 밥으로 주세요.
  캔 아이 해브 라이스 윗 노 씰란트로?
☑ Can I have rice with no cilantro?
☐

049 BASKIN ROBBINS 아이스크림

___월 ___일

버터피칸 먹어 볼 수 있을까요?
캔 아이 겟 어 테이스트 어브 버럴 피칸?

Can I get a taste of Butter pecan?

📘 로라 쌤과 함께 입국 준비!
'Root beer float'는 미국인들이 사랑하는 음료 중 하나예요. 'Root beer'는 탄산음료 위에 바닐라 아이스크림이 동동 떠 있어요. 8월 6일은 'National root beer float day'인데, 이 음료의 향이 나는 촛불까지 있을 정도이니 꼭 시도해 보세요!

✏️ 내 글씨로 여행 즐기기!
☐
☐
☐

🛍 표현 기념품 하나 더 챙기기!
❶ 콘에 초콜릿 한 스쿱 주세요.
   캔 아이 해브 어 싱글 스쿱 어브 촤클릿 언 어 콘?
☑ Can I have a single scoop of Chocolate on a cone?
☐

❷ 컵에 딸기 두 스쿱 주세요.
   캔 아이 해브 어 더블 스쿱 어브 스트롸베뤼 인 어 컵?
☑ Can I have a double scoop of Strawberry in a cup?
☐

양상추, 토마토 그리고 버섯 들어간 스몰 버거 하나 주세요.

캔 아이 겟 어 스몰 벌걸 윗 레러스, 토메이로 앤 머쉬룸스?

Can I get a small burger with lettuce, tomato and mushrooms?

🛂 로라 쌤과 함께 입국 준비!

'Little burger'은 패티가 하나, 'Regular burger'은 패티가 두 개 들어간 버거입니다. 파이브 가이즈엔 콤보가 없고, 버거 안에 들어가는 모든 재료를 하나 하나 선택해야 해요.

✏️ 내 글씨로 여행 즐기기!

☐
☐
☐

🛍️ 표현 기념품 하나 더 챙기기!

❶ 땅콩은 서비스예요.
   피넛츠 알 언 더 하우스.
☑ Peanuts are on the house.
☐

❷ 하나는 리틀 그리고 하나는 레귤러 버거로 주세요.
   캔 아이 해브 원 리를 벌걸 앤 원 뤠귤럴?
☑ Can I have one little burger and one regular?
☐

 **051 STARBUCKS 음료**

___월 ___일

아이스아메리카노 한 잔 주세요.

캔 아이 해브 언 아이스드 어뭬뤼카노?

Can I have an iced Americano?

표현 영상

🌐 로라 쌤과 함께 입국 준비!

'아이스아메리카노'는 콩글리시라는 거 알고 계셨나요? 커피를 얼음으로 얼린 것이 아닌 얼음이 함유된 커피를 의미하기에 올바른 표현은 'Iced'입니다. 'Iced tea(얼음을 넣은 차)'도 마찬가지랍니다.

✏️ 내 글씨로 여행 즐기기!

☐
☐
☐

🛍️ 표현 기념품 하나 더 챙기기!

❶ 저지방으로 만든 라떼 주세요.

캔 아이 해브 어 스끼니 라테이?

☑ Can I have a skinny latte?

☐

❷ 뜨거운 아메리카노 주세요.

캔 아이 해브 어 핫 아뭬뤼카노?

☑ Can I have a hot Americano?

☐

052 STARBUCKS 음료

___월 ___일

크림 넣을 자리 비워 주세요.

캔 아이 해브 룸 (폴 크림)?

Can I have room (for cream)?

표현 영상

📔 로라 쌤과 함께 입국 준비!

미국 카페에서는 아메리카노나 블랙커피를 주문하면 'Do you need room?'이라고 물어 보는데요, '여기서 방(room)이 왜 나와?'하고 당황할 수 있어요. 이 상황에서는 '크림이나 우유를 위한 공간을 남겨 드릴까요?'라는 의미랍니다.

✏️ 내 글씨로 여행 즐기기!

☐ _____
☐ _____
☐ _____

🛍️ 표현 기념품 하나 더 챙기기!

❶ 꽉 채워 주세요.

캔 유 플리즈 필 잇 업?

☑ Can you please fill it up?
☐ _____

❷ 물을 더 넣어 주세요.

캔 유 플리즈 에드 모어 워럴?

☑ Can you please add more water?
☐ _____

귀리 우유로 대체해 주세요.

캔 아이 해브 오옷 밀크 인스태드?

Can I have oat milk instead?

🌐 로라 쌤과 함께 입국 준비!

무지방 우유	저지방 우유	무지방 우유	두유	귀리 우유
Whole Milk 홀 밀크	Low-Fat Milk 로우 팻 밀크	Non-Fat Milk 넌 팻 밀크	Soy Milk 소이 밀크	Oat Milk 오옷 밀크

✏️ 내 글씨로 여행 즐기기!

☐
☐
☐

🛍️ 표현 기념품 하나 더 챙기기!

❶ 두유로 만든 라떼 한 잔 주세요.
  캔 아이 해브 어 라테이 윗 소이밀크?
✅ Can I have a latte with soy milk?
☐

❷ 귀리 우유 있나요?
  두 유 해브 오옷 밀크?
✅ Do you have oat milk?
☐

054 STARBUCKS 음료

___월 ___일

샷 추가해 주세요.

캔 아이 해브 언 엑쓰트롸 샷 (어브 에스프뤠소)?

Can I have an extra shot (of espresso)?

표현 영상

🌐 로라 쌤과 함께 입국 준비!

드립 커피에 샷 하나를 추가한 커피	드립 커피에 샷 두 개를 추가한 커피
Red eye coffee 뤠드 아이 커피	Black eye coffee 블래액 아이 커피

✏️ 내 글씨로 여행 즐기기!

☐ _____
☐ _____
☐ _____

🛍️ 표현 기념품 하나 더 챙기기!

❶ 추가로 캐러멜 더 뿌려 주세요.
캔 아이 해브 엑쓰트롸 캬롸멜 드뤼즐 언 탑?
☑ Can I have extra caramel drizzle on top?
☐ _____

❷ 샷 두 개 더 추가해 주세요.
캔 아이 해브 투 엑쓰트롸 샷츠?
☑ Can I have two extra shots?
☐ _____

 055 STARBUCKS 음료

덜 달게 해 주실 수 있나요?

이즈 데얼 에니 웨이 유 크드 메잌 잇 레스 스윗?

Is there any way you could make it less sweet?

🛂 로라 쌤과 함께 입국 준비!

미국 스타벅스에서는 얼마든지 원하는 대로 자신의 드링크를 커스텀할 수 있어요. '말차'를 좋아한다면 'Matcha latte' 위에 'Strawberry cold foam'을 얹어 마셔 보는 것을 추천해요.

✏️ 내 글씨로 여행 즐기기!

☐
☐
☐

🛍️ 표현 기념품 하나 더 챙기기!

❶ 아이스말차라떼 위에 딸기 콜드폼을 올려 주세요.
  캔 아이 해브 언 아이스드 마차 라테이 윗 더 스트라베리 콜드폼 언 탑?
☑ Can I have an Iced Matcha latte with the strawberry cold foam on top?
☐

❷ 바닐라 시럽 한 펌프만 넣어 주세요.
  캔 아이 겟 줘스 원 펌프 어브 버닐라 씨뤞?
☑ Can I get just one pump of vanilla syrup?
☐

 **056 STARBUCKS 음료**  ___월 ___일

가지고 갈 거예요.

잇츠 폴 투 고.

It's for to-go.

🛂 로라 쌤과 함께 입국 준비!

매장에서 포장해 갈 때, 미국에서는 'to-go'가 가장 보편적으로 사용되지만 다른 영어권 국가인 영국 그리고 호주나 뉴질랜드에서는 'take-out' 혹은 'take-away'가 더 보편적입니다.

✏️ 내 글씨로 여행 즐기기!

☐
☐
☐

🛍️ 표현 기념품 하나 더 챙기기!

❶ 빨대 하나 주세요.

캔 아이 해브 어 스트라?

☑ Can I have a straw?

☐

❷ 여기서 먹고 갈게요.

잇츠 폴 히얼.

☑ It's for here.

☐

 **057 STARBUCKS 음료**

___월 ___일

캐리어 주세요.

캔 아이 해브 어 캐뤼얼, 플리즈?

Can I have a carrier, please?

표현 영상

📻 로라 쌤과 함께 입국 준비!

우리는 '기내용 가방'을 '캐리어'라고 하는데 올바른 표현이 아니에요. 'Carrier'은 '항공모함' 또는 '운반용 종이틀'을 의미합니다. 기내용 캐리어는 'Carry-on bags'입니다.

✏️ 내 글씨로 여행 즐기기!

☐
☐
☐

🛍️ 표현 기념품 하나 더 챙기기!

❶ 컵 홀더 주세요.

캔 아이 해브 어 컵 홀덜, 플리즈?

☑ Can I have a cup holder, please?

☐

❷ 캐리어 있나요?

두 유 해브 어 (컵) 캐뤼얼?

☑ Do you have a (cup) carrier?

☐

탭 열어 주세요.

캔 아이 오픈 어 탭?

Can I open a tab?

🛂 로라 쌤과 함께 입국 준비!

'Tab'은 '외상 장부'를 의미합니다. 바에서는 대부분 'Do you want to open a tab?'이라고 질문해요. 카드를 맡기고 술을 주문할 때마다 계산하는 것이 아니라 마지막에 한꺼번에 계산하겠냐고 물어보는 거랍니다.

✏️ 내 글씨로 여행 즐기기!

- ☐
- ☐
- ☐

🛍️ 표현 기념품 하나 더 챙기기!

❶ 주문할 때마다 한 번씩 계산할게요.
아일 쥬스 페이 에스 아이 고.
☑ I'll just pay as I go.
☐

❷ 계산해 주세요.
캔 유 클로즈 미 아웃?
☑ Can you close me out?
☐

 **059 bar 술&음료**

 ___월 ___일

생맥주는 뭐가 있나요?

왓츠 언 탭?

What's on tap?

표현 영상

📔 로라 쌤과 함께 입국 준비!

'Tab'은 '외상장부'를 의미하지만 'tap'은 '수도꼭지'를 뜻해요. 생맥주는 'beer on tap'이라고 합니다. 수도꼭지를 열어서 따르는 맥주라고 생각하면 도움이 될 것 같아요. 비슷한 의미로는 'draft beer'가 있답니다.

✏️ 내 글씨로 여행 즐기기!

☐ _____
☐ _____
☐ _____

🛍️ 표현 기념품 하나 더 챙기기!

❶ 코로나 생맥주 한 잔 주세요.
  캔 아이 해브 어 코로나 언 탭?
☑ Can I have a Corona on tap?
☐ _____

❷ 버드와이저 생맥주로 있나요?
  두 유 해브 버드와이절 언 탭?
☑ Do you have Budweiser on tap?
☐ _____

무알코올 옵션이 있나요?

두 유 해브 에니 넌 알커헐릭 업션스?

Do you have any non-alcoholic options?

🛂 로라 쌤과 함께 입국 준비!

'non-alcohol drink(논알코올 드링크)'는 문법적으로 올바르지 않은 표현이에요. 올바른 표현은 'non-alcoholic drink'입니다. 술이 약하다면 무알코올 칵테일인 'Mocktail'을 추천 드려요.

✏️ 내 글씨로 여행 즐기기!

☐ _____
☐ _____
☐ _____

🛍️ 표현 기념품 하나 더 챙기기!

❶ 무알콜 칵테일 옵션은 뭐가 있나요?
왓 알 더 막테일 업션스?
☑ What are the mocktail options?
☐ _____

❷ 너무 세지 않은 술 추천해 주세요.
크쥬 뤠커맨드 어 드링크 낫 쏘 스트롱?
☑ Could you recommend a drink not so strong?
☐ _____

실제상황 ▶LIVE ①

아메리카노는 어떻게 발음해야 하나요?

 Lora 쌤!

저는 커피가 없으면 하루도 살지 못하는 사람이에요. 아메리카노! 영어이기 때문에 당연히 알아들을 거라고 생각했는데 점원이 알아듣지 못하는 거예요. 나름 발음을 굴려서 열심히 말을 했는데 끝까지 못 알아듣더라고요. 너무 창피했어요. 이게 인종차별인가 싶기도 하고 기분도 좋지 않았어요.

 안녕하세요 로라입니다.

아이고, 당황하셨죠? 충분히 그럴 수 있어요! 그리고 많은 분들이 '인종차별'이라고 생각하시는데 대부분 아니라고 자신 있게 말씀드릴 수 있어요. V로 발음하느냐, B로 발음하느냐에 따라 의미가 전혀 달라지는 경우도 있답니다. 따라서 정말로 못 알아들었을 가능성이 큽니다. 그러니 기분 상하지 않으셨으면 해요. '국민커피'라고도 할 수 있는 '아메리카노'는 '아'가 아니라 '어'로 시작합니다. 엑센트가 어디에 있느냐가 중요해요. 같은 철자이고 단어임에도 엑센트가 어디에 있느냐에 따라 의미가 달라지는 단어들도 있어요. 아메리카노는 엑센트가 '캐'에 있어요. 마지막으로 'R' 발음을 하실 때는 밑입술이 윗니를 긁으며 '리'가 아니라 '뤼'로 발음해 주세요. 자, 그럼, 로라와 함께 현지로 떠나 스벅에서 주문해 볼까요? Let's go!

LIVE 영상

▶ LIVE ② 실제상황

IN-N-OUT에서 햄버거 반으로 잘라 달라고 요청하기

로라

Hi, how are you?
안녕하세요.

Can I get a protein style cheeseburger with grilled onions and chopped chillies?
프로틴 스타일 치즈버거, 구운 양파랑 다진 고추와 함께 주세요.

Can you cut that in half for me?
반으로 잘라 주세요.

And lemon up for a drink.
그리고 음료는 레몬업(레모네이드+7UP) 주세요.

And that's it.
이렇게만 주문할게요.

점원

Any fries for you today?
오늘 감자튀김은 안하시나요?

로라

Thank you!
고맙습니다!

LIVE 영상

5

나도 오늘은 현지인처럼
식당에서 살아남기

5장 전체 듣기

① 기내·공항에서 준비운동

② 교통수단 이용하기

③ 숙소 마음껏 즐기기

⑥ 쇼핑 만끽하기

⑤ 식당에서 살아남기

④ 미국 200% 즐기기

⑦ 핫스팟 가 보기

⑧ 긴급상황 대처하기

⑨ 귀국하기

 **061 식당 예약하기**

 ___월 ___일

오늘 저녁 7시에 두 명 예약하고 싶어요.

아이 우드 라잌 투 북 어 테이블 폴 투 피플 폴 투나잇 엣 세븐.

I would like to book a table for 2 people for tonight at 7.

🛂 로라 쌤과 함께 입국 준비!

온라인에서 예약을 할 경우, 예약금을 내야 하거나 해당 음식점 홈페이지에서 회원 가입을 해야 하는 경우가 간혹 있어요. 보안을 위해 외국 웹사이트에서 신용카드 사용을 최소화하기 위해 전화로 예약하시는 것을 추천드려요.

✏️ 내 글씨로 여행 즐기기!

☐ _____
☐ _____
☐ _____

🛍️ 표현 기념품 하나 더 챙기기!

❶ 창가 자리로 부탁드려요.
캔 아이 해브 어 테이블 바이 더 윈도우?
☑ **Can I have a table by the window?**
☐ _____

❷ 8월 17일 예약 가능할까요?
두 유 해브 에니 테이블스 어베일러블 폴 어거스트 세븐틴쓰?
☑ **Do you have any tables available for August 17th?**
☐ _____

예약을 변경해도 될까요?

캔 아이 췌인지 마이 뤠절베이션?

Can I change my reservation?

🛂 로라 쌤과 함께 입국 준비!

전화로 예약을 하거나 변경을 해야 할 때 미리 해야 할 말을 종이에 써 놓으면 부담이 훨씬 덜 할 거예요. 두려워 말고 꼭 도전해 보세요. 잘할 수 있어요!

✏️ 내 글씨로 여행 즐기기!

☐ _____
☐ _____
☐ _____

🛍️ 표현 기념품 하나 더 챙기기!

❶ 예약을 취소하고 싶어요.
　 아이 우드 라익 투 캔슬 마이 뤠절베이션.
☑ I would like to cancel my reservation.
☐ _____

❷ 이번 주 토요일로 예약을 변경해도 될까요?
　 캔 아이 무브 마이 뤠절베이션 투 디스 세럴데이?
☑ Can I move my reservation to this Saturday?
☐ _____

 **063 워크인도 가능한지 묻기**

워크인도 가능한가요?

두 유 테잌 웤낀스?

Do you take walk-ins?

🛂 로라 쌤과 함께 입국 준비!

정말 가고 싶은 곳이 예약이 다 차 있다면 '워크인(예약 없이 방문 하는 것)'은 가능할 수 있으니 포기하지 말고 도전해 보세요. 기다려야 하지만 '워크인'은 가능한 경우가 많답니다.

✏️ 내 글씨로 여행 즐기기!

☐
☐
☐

🛍️ 표현 기념품 하나 더 챙기기!

❶ 예약을 하지 않았습니다.
   아이 돈 해브 어 뤠절베이션.
   ☑ I don't have a reservation.
   ☐

❷ 웨이팅을 걸어도 될까요?
   캔 아이 풋 마이 네임 다운 언 어 웨잇리스트?
   ☑ Can I put my name down on a waitlist?
   ☐

064 인원수 및 원하는 자리 말하기

저희 4명입니다.
위 알 어 팔리 어브 폴.

We are a party of 4.

표현 영상

🌐 로라 쌤과 함께 입국 준비!

미국에서는 자리를 안내받을 때까지 앞에서 기다려야 합니다. 일행이 몇 명인지 물어볼 때 'How many parties?' 혹은 'How many people in your party?'라고 하는데요, 여기서 'Party'는 '파티'가 아니라 '일행', '단체'를 의미한답니다.

✏️ 내 글씨로 여행 즐기기!

☐
☐
☐

🛍️ 표현 기념품 하나 더 챙기기!

❶ 밖에 앉아도 될까요?
캔 위 씻 아웃사이드?
☑ Can we sit outside?
☐

❷ (여기 말고) 저기 앉아도 될까요?
캔 위 씻 오벌 데얼 인스테드?
☑ Can we sit over there instead?
☐

 **065 유아용 의자 부탁하기**

저희 아이를 위해서 유아용 의자 부탁 드려요.

캔 위 해브 어 하이 췌얼 폴 아월 베이비, 플리즈?

Can we have a high chair for our baby, please?

🛂 로라 쌤과 함께 입국 준비!

아이와 함께 식당을 방문했다면 식당마다 아이들을 위한 특별한 'Children's menu'가 있는 경우가 있으니, "Do you have children's menu(아이들을 위한 메뉴가 있나요)?"라고 물어보세요.

✏️ 내 글씨로 여행 즐기기!

☐
☐
☐

🛍️ 표현 기념품 하나 더 챙기기!

❶ 제 아이를 위한 부스터 시트 있나요?
　두 유 해브 어 부스털 시-트 폴 마이 타드럴?
☑ Do you have a booster seat for my toddler?
☐

❷ 아기용 식기 있나요?
　두 유 해브 유텐슬스 폴 베이비스?
☑ Do you have utensils for babies?
☐

066 주문 요청하기

___월 ___일

주문할 준비됐어요.

암 뤠리 루 고.

I'm ready to go.

표현 영상

📘 로라 쌤과 함께 입국 준비!

'Go'는 여기서 '가다'의 의미가 아닌 '주문하다'는 의미로 사용되었어요. 'Go'는 상황과 문맥에 따라 어떠한 행동을 한다는 의미로 다양하게 사용할 수 있답니다.

✏️ 내 글씨로 여행 즐기기!

☐
☐
☐

🛍️ 표현 기념품 하나 더 챙기기!

❶ 메뉴를 좀 주실 수 있을까요?

캔 아이 플리즈 겟 어 메뉴?

☑ Can I please get a menu?

☐

❷ 몇 분만 더 주시겠어요?

크쥬 기브 어스 어 퓨 몰 미닛츠?

☑ Could you give us a few more minutes?

☐

여기 뭐가 가장 인기가 많나요?

왓츠 더 모스트 파퓰럴 히얼?

What's the most popular here?

📕 로라 쌤과 함께 입국 준비!

음식점에 가면 전혀 모르는 음식들이 많은데요. 그럴 때는 해당 음식점에서 가장 인기가 많은 메뉴를 묻거나 웨이터에게 "What's your favorite dish(당신이 가장 좋아하는 요리는 무엇인가요)?"라고 질문해 보세요. 꽤 성공적이랍니다.

✏️ 내 글씨로 여행 즐기기!

☐ _____
☐ _____
☐ _____

🛍️ 표현 기념품 하나 더 챙기기!

❶ 여기서 가장 유명한 요리가 무엇인가요?
왓 알 더 모스트 패이머스 디쉬스 히얼?
☑ What are the most famous dishes here?
☐ _____

❷ 무엇을 추천하시나요?
왓 두 유 뤠커맨드?
☑ What do you recommend?
☐ _____

068 디테일하게 주문하기

라지 피자 양은 어느 정도인가요?

하우 랄쥐 이즈 더 폴션 사이즈 폴 어 랄쥐 핏짜?

How large is the portion size for a large pizza?

📘 로라 쌤과 함께 입국 준비!

미국은 대부분 한국과 비교해 양이 생각보다 많아요. 하지만 음식점마다 다를 수 있기 때문에 몇 인분인지 양은 어느 정도인지 물어보는 것을 추천해요.

✏️ 내 글씨로 여행 즐기기!

☐
☐
☐

🛍️ 표현 기념품 하나 더 챙기기!

❶ 이거 몇 인분 인가요?
   하우 랄쥐 이즈 더 설빙 사이즈 폴 디스?
☑ How large is the serving size for this?
☐

❷ 보통 양이 적나요 아니면 많나요?
   두 유 쮀너뤌리 해브 스몰 폴션스 올 랄쥐 폴션스?
☑ Do you generally have small portions or large portions?
☐

069 디테일하게 주문하기

이렇게만 주문할게요.

뎃츠 잇.

That's it.

🛂 로라 쌤과 함께 입국 준비!

음식 주문을 마친 상황에서 'I'm finished(끝났어요)'라고 말하는 것은 올바른 표현이 아니에요. 음식을 다 먹었다거나, 어떠한 행동을 마쳤다는 의미로 사용되기 때문에 더 이상 주문할 것이 없다면 'That's it'이라고 말해 주세요.

✏️ 내 글씨로 여행 즐기기!

☐
☐
☐

🛍️ 표현 기념품 하나 더 챙기기!

❶ 이게 다예요.
  뎃 윌 비 얼.
  ☑ That will be all.
  ☐

❷ 일단 이렇게만 주문할게요.
  뎃츠잇 폴 나우.
  ☑ That's it for now.
  ☐

 **070 디테일하게 주문하기**

 ___월 ___일

표현 영상

정정할게요. 그냥 피자 주문할게요.

엑슐리, 아일 겟 어 피짜 인스테드.

Actually, I'll get a pizza instead.

🛂 로라 쌤과 함께 입국 준비!

'Actually'는 대부분 '사실은, 실제로'라는 의미로 알고 있지만, 내가 앞서 한 말을 정정할 때 혹은 상대의 말을 정중히 정정할 때도 사용할 수 있답니다. 비슷한 표현으로는 'You know what?'이 있어요.

✏️ 내 글씨로 여행 즐기기!

☐ _____
☐ _____
☐ _____

🛍️ 표현 기념품 하나 더 챙기기!

❶ 음, 아니에요. 그냥 디저트 패스할게요.

유노 왓? 네벌 마인. 아일 줘스 패스 언 더 디절트.

☑ You know what? Never mind. I'll just pass on the dessert.
☐ _____

❷ 핫초코 대신 뜨거운 라떼 주시겠어요?

캔 아이 해브 어 핫 라떼이 인스테드 어브 어 핫 촤클릿?

☑ Can I have a hot latte instead of a hot chocolate?
☐ _____

 **071 디테일하게 주문하기**

 ___월 ___일

고수는 빼 주세요.

캔 아이 해브 잇 위다웃 씰란트로?

Can I have it without Cilantro?

표현 영상

🌐 로라 쌤과 함께 입국 준비!

미국에서는 보편적으로 손님을 초대할 때도 음식점에서도 'Do you have any dietary restrictions(피해야 하는 음식이 있나요)?'라고 물어봅니다. 알레르기가 있는 음식이나 종교적 이유 등 여러 다른 이유로 못 먹는 음식이 있는지 물어보는 거랍니다.

✏️ 내 글씨로 여행 즐기기!

☐
☐
☐

🛍️ 표현 기념품 하나 더 챙기기!

❶ 땅콩 알레르기가 있어요.
   암 알럴쥑 투 넛츠.
☑ I'm allergic to nuts.
☐

❷ 비건 메뉴가 있나요?
   두 유 해브 어 비건 메뉴?
☑ Do you have a vegan menu?
☐

072 음식이나 음료 더 요청하기

콜라 한 잔 더 주세요.

아일 테일 어나덜 콕.

I'll take another coke.

📗 로라 쌤과 함께 입국 준비!

'콜라'는 영어로 'Coke'이며 발음할 때 입을 동그랗게 모으고 '콕'이라고 발음해야 해요. '칵'이라고 잘못 발음하면 남성의 성기를 뜻하는 비속어 'cock'으로 들릴 수 있으니 디테일한 발음 차이를 잘 알아 두세요.

✏️ 내 글씨로 여행 즐기기!

☐ _____
☐ _____
☐ _____

🛍️ 표현 기념품 하나 더 챙기기!

❶ 리필해 주세요.
캔 아이 겟 어 뤼필?
☑ Can I get a refill?
☐ _____

❷ 모스카또 한 잔 더 주세요.
캔 아이 해브 원 몰 글라스 어브 모스까로?
☑ Can I have one more glass of Moscato?
☐ _____

 **073 물건 요청하기**

 ____월 ____일

물티슈 좀 주세요.

캔 아이 플리즈 겟 모이스트 타오렛츠?

Can I please get moist towelettes?

📖 로라 쌤과 함께 입국 준비!

'물티슈'는 직역해서 'wet tissue'가 아니라 'hand wipes' 혹은 입이나 손가락 정도를 닦을 수 있는 작은 사이즈는 'moist towelettes'라고 한답니다.

✏️ 내 글씨로 여행 즐기기!

☐ _____
☐ _____
☐ _____

🛍️ 표현 기념품 하나 더 챙기기!

❶ 물티슈 좀 주시겠어요?
   캔 아이 플리즈 겟 핸드 와입스?
   ☑ Can I please get hand wipes?
   ☐ _____

❷ 냅킨 좀 더 주세요.
   캔 아이 해브 몰 냅킨스, 플리즈?
   ☑ Can I have more napkins, please?
   ☐ _____

 **074 컴플레인하기**

 ___월 ___일

이건 제가 주문한 게 아니에요.

디스 이즈 낫 왓 아이 올덜드.

This is not what I ordered.

표현 영상

📖 로라 쌤과 함께 입국 준비!

컴플레인을 할 때는 앞에 'I'm sorry but~(죄송하지만)' 혹은 'I'm sorry to bother you but~(번거롭게 해서 죄송하지만)'을 붙여 보세요. 훨씬 더 부드럽고 예의 바르게 들린답니다.

✏️ 내 글씨로 여행 즐기기!

☐ _____
☐ _____
☐ _____

🛍️ 표현 기념품 하나 더 챙기기!

❶ 제가 주문한 게 아직 나오지 않았어요.
  암 쒀리 투 바덜 유 벗 아이 헤븐 가튼 마이 올덜 옛.
  ☑ I'm sorry to bother you but I haven't gotten my order yet.
  ☐ _____

❷ 제 파스타 좀 확인해 주시겠어요? 30분째 기다리고 있어요.
  크쥬 첵 언 마이 파스타? 아이브 빈 웨이팅 폴 썰리 미닛츠.
  ☑ Could you check on my pasta? I've been waiting for 30 minutes.
  ☐ _____

 **075 컴플레인하기**

 ___월 ___일

음식에 머리카락이 있어요.

데얼 이즈 어 헤얼 인 마이 푸드.

There is a hair in my food.

🛂 로라 쌤과 함께 입국 준비!

머리카락은 불가산 명사이지만 때에 따라 가산 명사가 될 수 있어요. 머리카락은 심리적으로 셀 수 없지만 이런 경우 머리카락 한 가닥을 강조하기 위함이랍니다.

✏️ 내 글씨로 여행 즐기기!

☐
☐
☐

🛍️ 표현 기념품 하나 더 챙기기!

❶ 제 파스타 안에 뭔가 있어요.

데얼 이즈 썸띵 인 마이 파스타.

☑ There is something in my pasta.
☐

❷ 이건 너무 짜요.

디스 이즈 웨이 투 쏠티.

☑ This is way too salty.
☐

스테이크가 너무 탔어요.

마이 스테잌 이즈 투 번트.

My steak is too burnt.

📘 로라 쌤과 함께 입국 준비!

스테이크가 요청한 것보다 너무 익혀졌다면 'overcooked(너무 익힌)', 너무 덜 익혀졌다면 'undercooked(설익은)'라는 표현을 사용해 보면 어떨까요?

✏️ 내 글씨로 여행 즐기기!

☐
☐
☐

🛍️ 표현 기념품 하나 더 챙기기!

❶ 제 스테이크가 조금 덜 익혀졌어요. 조금만 더 익혀 주시겠어요?
마이 스테잌 이즈 어 빗 언덜큭드. 크쥬 큭 잇 어 리를 빗 몰?
☑ My steak is a bit undercooked. Could you cook it a little bit more?
☐

❷ 전 레어로 주문했는데 스테이크가 너무 익었어요.
아이 올덜드 마이 스테잌 뤠얼 벗 잇 이즈 오벌큭드.
☑ I ordered my steak rare but it is overcooked.
☐

 **077 포장 요청하기**

 ___월 ___일

포장해 주세요.

캔 아이 해브 디스 투 고?

Can I have this to go?

🛂 로라 쌤과 함께 입국 준비!

미국은 대부분 양이 많아서 남기게 되는 경우가 많아요. 남은 음식을 포장해 가는 것은 매우 보편적인 일이니 부담 없이 물어보세요.

✏️ 내 글씨로 여행 즐기기!

☐
☐
☐

🛍️ 표현 기념품 하나 더 챙기기!

❶ 포장 박스 하나 주세요.

  캔 아이 해브 어 투고 박스?

☑ Can I have a to-go box?
☐

❷ 이것 좀 싸 주시겠어요?

  크쥬 박스 디스 업 폴 미?

☑ Could you box this up for me?
☐

 **078 결제 요청 및 팁 주기**

계산서 가져다 주시겠어요?

캔 아이 플리즈 해브 더 첵?

Can I please have the check?

🛂 로라 쌤과 함께 입국 준비!

미국 음식점에서는 자리에 앉아 계산을 합니다. 보통 계산서를 달라고 요청을 하셔야 해요.

✏️ 내 글씨로 여행 즐기기!

☐
☐
☐

🛍️ 표현 기념품 하나 더 챙기기!

❶ 다 드신 건가요?
   알 유 퓌니쉬드?
   ☑ Are you finished?
   ☐

❷ 아직 먹고 있어요.
   암 스틸 월킹 언 잇.
   ☑ I'm still working on it.
   ☐

 **079 결제 요청 및 팁 주기**

신용카드로 결제할게요.

암 페잉 바이 칼드.

I'm paying by card.

🛂 로라 쌤과 함께 입국 준비!

요즘은 대부분 모든 곳에서 카드를 받지만 아직도 현금만 고집하는 곳들이 있어요. 따라서 꼭 현금도 어느 정도 준비해 놓는 것을 추천해요.

✏️ 내 글씨로 여행 즐기기!

🛍️ 표현 기념품 하나 더 챙기기!

❶ 현금이 없어요.

아이 돈 해브 캐쉬.

☑ I don't have cash.

❷ 동전 있어요.

아이 해브 썸 코인스.

☑ I have some coins.

080 결제 요청 및 팁 주기

잔돈은 괜찮습니다.

킵 더 췌인지.

Keep the change.

📘 로라 쌤과 함께 입국 준비!

미국에서는 음식점에서도 택시를 타도 팁을 지불해야 합니다. 법적으로 최소 총비용의 18%를 지불해야 해요. 영수증을 보면 18%, 20%, 22% 팁 비용과 팁을 포함한 총액수가 적혀 있답니다.

✏️ 내 글씨로 여행 즐기기!

☐ _____
☐ _____
☐ _____

🛍 표현 기념품 하나 더 챙기기!

❶ 잔돈 모두 팁으로 드릴게요.
   잇츠 얼 유얼스.
☑ It's all yours.
☐ _____

❷ 도움 주셔서 감사합니다.
   땡큐 폴 유얼 헬프.
☑ Thank you for your help.
☐ _____

실제상황 ▶ LIVE ①

물티슈는 'Wet tissue' 아닌가요?

 Lora 쌤!

올해 제가 처음으로 미국에 다녀왔어요. 음식점에서 '물티슈'를 달라고 했는데 직원이 고개를 갸우뚱하며 'Wet tissue?'라고 되묻더라고요. 결국 제가 요구했던 물티슈를 가져다주긴 했지만 처음에는 잘 이해하지 못하는 눈치였어요. 왜인가요?

 안녕하세요 로라입니다.

티슈는 대부분 변기에 내려도 문제가 없는 재질의 휴지를 의미해요. 우리는 '크리넥스 휴지'라고도 하죠? 따라서 'Wet tissue'는 이러한 재질의 얇은 휴지를 물에 적신 것을 의미하기 대문에 직원분이 순간 당황하셨을 것 같아요. 전혀 틀린 표현은 아니지만 정확한 용도와 원하는 것에 따라 맞는 표현을 사용해야겠죠? 우리가 생각하는 '물티슈'는 변기에 내릴 수 없는 재질의 손이나 사물을 닦는 의도로 만들어진 것을 의미하죠? 이런 것들을 영어로 'Wipes'라고 해요. 음식점에서 특히나 손이나 입을 닦기 위한 물티슈는 'Moist towelettes'라 고 한답니다.
더 자세한 내용은 영상을 통해서 알아볼까요?

LIVE 영상

LIVE ② 실제상황

주문한 메뉴를 변경해 보기

로라: I'll take a carrot cake.
당근 케이크 하나 주세요.

웨이터: Sure!
알겠습니다.

로라: Actually, I'm sorry. I change my mind.
아, 죄송해요. 다른 걸로 주문할게요.

웨이터: No, problem.
괜찮습니다.
What would you like instead?
대신 어떤 것을 주문하시겠어요?

로라: Can I get an old-fashioned chocolate cake instead?
대신 올드패션 초코케이크 주문할게요.

웨이터: Absolutely!
네!

로라: Thank you. Thank a lot.
감사합니다.

LIVE 영상

6
지갑이 마구 열린다
쇼핑 만끽하기

6장 전체 듣기

❶ 기내·공항에서 준비운동

❷ 교통수단 이용하기

❸ 숙소 마음껏 즐기기

❻ 쇼핑 만끽하기

❺ 식당에서 살아남기

❹ 미국 200% 즐기기

❼ 핫스팟 가 보기

❽ 긴급상황 대처하기

❾ 귀국하기

 **081 매장 위치 물어보기**

 ___월 ___일

자라는 어디에 있나요?

웨얼 이즈 자롸 로케이르드?

Where is ZARA located?

표현 영상

📔 로라 쌤과 함께 입국 준비!

원하는 스토어 위치를 찾을 수 없다면 'Information desk'에서 물어보세요. 큰 아웃렛에선 지도를 구비해 놓는 곳도 많으니, "Is there a map available that I could have(가져갈 수 있는 지도가 있을까요)?"라고 요청해 보세요.

✏️ 내 글씨로 여행 즐기기!

☐ _____
☐ _____
☐ _____

🛍️ 표현 기념품 하나 더 챙기기!

❶ 샤넬을 찾고 있어요.
  암 륵킹 폴 샤넬.
  ☑ I'm looking for CHANEL.
  ☐ _____

❷ 푸드코트는 어디에 있나요?
  웨얼 캔 아이 파인 더 푸드 콜트?
  ☑ Where can I find the food court?
  ☐ _____

그냥 구경 중이에요.

암 저스 브롸우징.

I'm just browsing.

📘 로라 쌤과 함께 입국 준비!

미국에서는 대부분의 매장에서 고객이 들어오면 도움이 필요하냐고 물어봅니다. 고객이 구경 중이라고 하면 도움이 필요할 때 말하라고 안내하고, 편하게 쇼핑할 수 있도록 내버려 두는 경우가 많습니다.

✏️ 내 글씨로 여행 즐기기!

☐ _____
☐ _____
☐ _____

🛍️ 표현 기념품 하나 더 챙기기!

❶ 그냥 보고 있어요. 감사합니다.
  암 저스 르낑. 땡큐.
  ☑ I'm just looking. Thank you.
  ☐

❷ (도움이) 필요하면 알려 드릴게요. 감사합니다.
  아일 렛츄 노. 땡큐.
  ☑ I'll let you know. Thank you.
  ☐

083 찾는 물건 물어보기

기본 검은색 티셔츠를 찾고 있어요.

암 륵킹 폴 어 브래액 프레인 티 셜츠.

I'm looking for a black plain T-shirt.

🛂 로라 쌤과 함께 입국 준비!

지금 무언가를 찾고 있는 중이라면 구동사 'look for'를 사용해야 합니다. 'Find'는 찾은 결과를 의미하기 때문에, 현재진행형인 '찾는 중'이라는 의미로 사용되지 않아요.

✏️ 내 글씨로 여행 즐기기!

☐
☐
☐

🛍️ 표현 기념품 하나 더 챙기기!

❶ 치약은 어디에 있나요?

웨얼 캔 아이 파인 투쓰페이스트?

☑ Where can I find toothpaste?
☐

❷ 기념품을 찾고 있어요.

암 륵킹 폴 스부니얼스.

☑ I'm looking for souvenirs.
☐

이거 검은색으로 있나요?

두 유 해브 디스 인 브래액?

Do you have this in black?

📔 로라 쌤과 함께 입국 준비!

사이즈, 색상 등은 전치사 'in'과 함께 사용한답니다. 그리고 '화이트'가 아니라 'H'가 묵음이므로, '와이트'가 올바른 발음인 것도 기억해 주세요.

✏️ 내 글씨로 여행 즐기기!

☐
☐
☐

🛍️ 표현 기념품 하나 더 챙기기!

❶ 이거 흰색으로 있나요?

두 유 해브 디스 인 와잇?

☑ Do you have this in white?
☐

❷ 이거 다른 색으로 있나요?

두 유 해브 디스 인 디프런 컬러스?

☑ Do you have this in different colors?
☐

이거 스몰로 있나요?

두 유 해브 디스 인 어 스멀 (싸이즈)?

Do you have this in a small (size)?

🌐 로라 쌤과 함께 입국 준비!

'P(Petite)사이즈'는 키가 162cm 이하인 여성들을 위한 사이즈예요. 스몰도 크다면 'XS' 혹은 'XXS'이 있는지 물어보세요.

✏️ 내 글씨로 여행 즐기기!

🛍️ 표현 기념품 하나 더 챙기기!

❶ 이거 더 작은 사이즈로 있나요?

두 유 해브 디스 인 어 스멀럴 싸이즈?

☑ Do you have this in a smaller size?

❷ 이거 더 큰 사이즈로 있나요?

두 유 해브 디스 인 어 비걸 사이즈?

☑ Do you have this in a bigger size?

이거 프리 사이즈인가요?

이즈 디스 원 싸이즈 핏츠 얼?

Is this one-size-fits-all?

📔 로라 쌤과 함께 입국 준비!

'프리 사이즈'는 콩글리시입니다. 올바른 표현은 'One-size fits-all'이에요. 원 플러스 원도 마찬가지로 콩글리시입니다. 올바른 표현은 'Buy one get one free' 혹은 '2 for 1'입니다.

📝 내 글씨로 여행 즐기기!

☐
☐
☐

🛍 표현 기념품 하나 더 챙기기!

❶ 이거 원 플러스 원인가요?
이즈 디스 바이 원 겟 원 프뤼?
☑ Is this buy one get one free? (BOGO)
☐

❷ 이거 원 플러스 원인가요?
이즈 디스 투 폴 원?
☑ Is this 2 for 1?
☐

이거 세일인가요?

이즈 디스 언 세일?

Is this on sale?

📘 로라 쌤과 함께 입국 준비!

세일 중	판매 상품
On sale 언 세일	For sale 폴 세일

✏️ 내 글씨로 여행 즐기기!

-
-
-

🛍 표현 기념품 하나 더 챙기기!

❶ 이거 판매 상품인가요?
  이즈 디스 폴 세일?
✅ Is this for sale?
-

❷ 세일하는 상품은 어디에 있나요?
  웨얼 알 더 쎄일 아이럼스?
✅ Where are the sale items?
-

088 할인 요청하기

조금만 깎아 주세요.
크쥬 컴 다운 어 리를?

Could you come down a little?

📕 로라 쌤과 함께 입국 준비!

길거리에서 판매되는 상품이나 기념품 가게 등에서는 조금이라도 흥정해 보시는 것을 추천 드려요. 흥정하는 데 성공했다면 쇼핑이 더 즐거워질 거예요.

✏️ 내 글씨로 여행 즐기기!
☐
☐
☐

🛍️ 표현 기념품 하나 더 챙기기!

❶ 20달러에 주세요.
  캔 유 기브 잇 투 미 폴 투웨니?
☑ Can you give it to me for 20?
☐

❷ 둘러 보고 다시 올게요.
  아일 륵 어롸운드 앤 컴 백.
☑ I'll look around and come back.
☐

이거 입어 봐도 될까요?

캔 아이 트라이 디스 언?

Can I try this on?

📔 로라 쌤과 함께 입국 준비!

이 표현은 옷을 입어볼 때, 신발을 신어 볼 때, 모자나 액세서리를 착용해 볼 때 등 모든 상황에서 사용 가능하답니다.

✏️ 내 글씨로 여행 즐기기!

☐
☐
☐

🛍️ 표현 기념품 하나 더 챙기기!

❶ 피팅 룸은 어디에 있나요?

웨얼즈 더 피팅 룸?

☑ Where's the fitting room?

☐

❷ 저에겐 너무 작아요.

잇츠 투 스멀 폴 미.

☑ It's too small for me.

☐

 **090 구매하기**

이거 주세요.

아일 테잌 디스.

I'll take this.

🛂 로라 쌤과 함께 입국 준비!

우리도 '이거 구입할게요' 보다 '이거 주세요'가 더 자연스럽고 보편적으로 사용되는 것처럼 영어도 마찬가지로 'I'll buy this' 보다 'I'll take this'가 더 자연스러워요.

✏️ 내 글씨로 여행 즐기기!

☐
☐
☐

🛍 표현 기념품 하나 더 챙기기!

❶ 이거 두 개 구입할게요.
   아일 테잌 디즈 투.
☑ I'll take these two.
☐

❷ 이거 다 주세요.
   아일 겟 얼 어브 잇.
☑ I'll get all of it.
☐

 **091 상품 구매하기**

 ___월 ___일

계산해 주세요.

캔 유 링 미 업?

Can you ring me up?

🛂 로라 쌤과 함께 입국 준비!

'I want to pay'는 말 그대로 '나 계산하고 싶어'입니다. 아이가 떼를 쓰는 것 같은 느낌을 주기 때문에 올바른 표현인 'ring someone up(~을 계산해 주다)'을 사용해 주세요.

✏️ 내 글씨로 여행 즐기기!

☐
☐
☐

🛍️ 표현 기념품 하나 더 챙기기!

❶ 누가 계산 좀 도와주세요.
  캔 썸바디 링 미 업?
☑ Can somebody ring me up?
☐

❷ 계산할 준비가 되었어요.
  암 뤠디 루 첵 아웃.
☑ I'm ready to check out.
☐

092 상품 구매하기

이건 빼 주세요.

아일 패스 언 디스 원.

I'll pass on this one.

📖 로라 쌤과 함께 입국 준비!

계산할 때 갑자기 마음이 바뀌어 구입하고 싶지 않은 물건 있다면, 주저하지 말고 "I'll pass on this one"이라고 말해 보세요.

✏️ 내 글씨로 여행 즐기기!

☐
☐
☐

🛍️ 표현 기념품 하나 더 챙기기!

❶ 이건 뺄게요.
아일 리-브 디스 아웃.
☑ I'll leave this out.
☐

❷ 이거 빼 주시겠어요?
캔 유 뤼무브 디스 프롬 마이 펄췌스?
☑ Can you remove this from my purchase?
☐

 **093 상품 환불하기**

 ___월 ___일

환불받고 싶어요.

아이 우드 라익 투 겟 어 뤼펀드, 플리즈.

I would like to get a refund, please.

🛂 로라 쌤과 함께 입국 준비!

영수증을 보면 환불 정책이 있습니다. 대부분 14일 이내에 영수증과 계산한 카드를 지참하면 환불이 가능하답니다. 영수증을 버리지 말고 잘 보관해 주세요.

✏️ 내 글씨로 여행 즐기기!

☐
☐
☐

🛍️ 표현 기념품 하나 더 챙기기!

❶ 환불받을 수 있나요?
캔 아이 겟 어 뤼펀드?
☑ Can I get a refund?
☐

❷ 환불받을 수 있을까요?
아이 워즈 원더륑 이프 아이 크드 겟 어 뤼펀드.
☑ I was wondering if I could get a refund.
☐

교환 가능할까요?

캔 아이 겟 언 익스췌인지?

Can I get an exchange?

🌐 로라 쌤과 함께 입국 준비!

간혹 환불이 불가능한 물품이나 매장이 있습니다. 이런 경우 'Store credit'을 주는데 이것은 해당 매장에서만 사용하실 수 있는 '포인트'라고 생각하면 됩니다.

✏️ 내 글씨로 여행 즐기기!

☐
☐
☐

🛍️ 표현 기념품 하나 더 챙기기!

❶ 다른 사이즈로 교환 가능할까요?

캔 아이 익스췌인지 디스 폴 어 디프뤈 사이즈?

☑ Can I exchange this for a different size?
☐

❷ 이걸 이것으로 교환 가능할까요?

캔 아이 익스췌인지 디스 폴 디스 원?

☑ Can I exchange this for this one?
☐

실제상황 LIVE ①

쇼핑몰에서 '계산해 주세요'는 다른가요?

 Lora 쌤!

영어를 공부하다 보니 '계산해 주세요' 표현이 다양하다는 것을 깨달았어요. 어떤 차이가 있는지 상황별로 설명해 주실 수 있을까요?

 안녕하세요 로라입니다.

정말 너무 좋은 질문이에요! 맞습니다. 음식점이냐, 쇼핑을 하고 있느냐, 술집이냐에 따라 '계산해 주세요'를 각각 다르게 표현합니다. 음식점에서는 대부분 자리에서 계산을 하기 때문에 계산서를 요구합니다. 따라서 'Can I have the check?'를 사용합니다. 쇼핑을 하고 있거나 테이크아웃으로 물건을 사서 나갈 경우는 'Can you ring me up?'을 사용하고요. 만약에 바에서 신용카드를 맡기고 술을 주문하셨다면 'Can you close me out?'이라고 할 수 있어요. 'I want to pay'라는 표현만 사용하면 알아는 듣겠지만 무례하게 들릴 수 있어요!

영상을 통해 조금 더 면밀히 살펴볼까요?

LIVE 영상

▶ LIVE ② 실제상황

한국 코스트코 카드! 미국에서 사용 가능할까요?

로라
Hi! How are you?
안녕하세요.

직원
I'm good. How are you?
안녕하세요.

로라
I have a question. I have a membership in korea.
뭐 좀 여쭤볼게요. 한국 코스트코 멤버십이 있는데요.

I was just wondering if I can use that membership here in America.
여기 미국에서도 사용할 수 있나요?

승무원
Yes. You can use it at any Costco through out the world.
그럼요. 세계 어느 코스트코를 가셔도 사용하실 수 있어요.

Here's your receipt. You guys have a good one!
영수증 여기 있어요. 좋은 하루 되세요.

LIVE 영상

7

마음만큼은 풍요롭게

핫스팟 가 보기

7장 전체 듣기

❶ 기내·공항에서 준비운동

❷ 교통수단 이용하기

❸ 숙소 마음껏 즐기기

❻ 쇼핑 만끽하기

❺ 식당에서 살아남기

❹ 미국 200% 즐기기

❼ 핫스팟 가 보기

❽ 긴급상황 대처하기

❾ 귀국하기

095 길 물어보기

센트럴 역으로 어떻게 가나요?

하우 두 아이 겟 투 센트뤌 스테이션?

How do I get to Central station?

🛂 로라 쌤과 함께 입국 준비!

길을 어떻게 가야 하는지 물어볼 땐 'How do I get to + 목적지' 패턴을 사용하면 된답니다.

✏️ 내 글씨로 여행 즐기기!

🛍️ 표현 기념품 하나 더 챙기기!

❶ 여기서 할리우드가 얼마나 머나요?

하우 팔 이즈 할리우드 프롬 히얼?

☑ How far is Hollywood from here?

❷ 메트로폴리탄 미술관은 어떻게 가나요?

하우 두 아이 겟 투 더 멧?

☑ How do I get to The Met?

 **096 길 찾기**

 ___월 ___일

브로드웨이 역을 찾고 있어요. 도와주실 수 있나요?

암 트롸잉 투 파인 브라드웨이 스테이션. 캔 유 헲 미?

I'm trying to find Broadway station. Can you help me?

🌐 로라 쌤과 함께 입국 준비!

'구글맵'은 절대 완벽하지 않아요. 특히 미국에서 운전할 때 3시간을 운전해도 아무것도 없는 사막으로 인도할 수 있으니 조심하셔야 해요. '로드트립'을 한다면 여분의 기름을 준비하는 것도 매우 중요합니다.

✏️ 내 글씨로 여행 즐기기!

☐
☐
☐

🛍️ 표현 기념품 하나 더 챙기기!

❶ 길을 잃었어요.
   암 라스트.
   ☑ I'm lost.
   ☐

❷ 입구가 어디죠?
   웨얼 이즈 디 엔트뤤스?
   ☑ Where is the entrance?
   ☐

097 사진 찍어 달라고 요청하기

___월 ___일

사진 좀 찍어 주실 수 있나요?

크쥬 테익 어 포로 폴 어스, 플리즈?

Could you take a photo for us, please?

🛂 로라 쌤과 함께 입국 준비!

'for us'를 직역하면 '우리를 위해서'가 되지만 의역하면 더욱더 공손한 뉘앙스를 주어요. 무언가를 부탁할 때 뒤에 붙여주면 훨씬 예의를 갖춘 표현이 된답니다.

예 Can you wipe the table for me, please? 테이블을 닦아 주실 수 있나요?

✏️ 내 글씨로 여행 즐기기!

🛍️ 표현 기념품 하나 더 챙기기!

❶ 사진 찍어 드릴까요?
두 유 원미 투 테익 어 포토 폴 유?
☑ Do you want me to take a photo for you?

❷ 여기에서 사진을 찍어도 되나요?
메이 아이 테익 포토스 히얼?
☑ May I take photos here?

매표소는 어디 있나요?

웨얼 이즈 더 티켓 어피스?

Where is the ticket office?

📘 로라 쌤과 함께 입국 준비!

매표소는 'ticket office', 'ticket box', 'ticket counter' 등 다양하게 표현할 수 있답니다. 하지만 요즘은 모바일 티켓이나 키오스크가 더 많이 사용되고 있어요.

✏️ 내 글씨로 여행 즐기기!

☐
☐
☐

🛍️ 표현 기념품 하나 더 챙기기!

❶ 티켓은 어디서 구입할 수 있나요?
  웨얼 캔 아이 겟 티켓츠?
  ☑ Where can I get tickets?
  ☐

❷ 이게 티켓 구매하려는 줄인가요?
  이즈 디스 더 라인 폴 티켓츠?
  ☑ Is this the line for tickets?
  ☐

099 새치기 대응하기

실례합니다, 줄 서신 건가요?

익쓰큐즈 미, 알유 인 라인?

Excuse me, are you in line?

🛂 로라 쌤과 함께 입국 준비!

'Excuse me'는 '실례합니다' 뿐만 아니라 '저기요', '지나가겠습니다' 등 여러 가지 상황에서 다양하게 사용됩니다. 새치기를 당했다면 꼭 'Excuse me'라고 해 주세요.

✏️ 내 글씨로 여행 즐기기!

☐ _____
☐ _____
☐ _____

🛍️ 표현 기념품 하나 더 챙기기!

❶ 저기요? 저 지금 줄 선 거예요.

익쓰큐즈 미? 암 인 라인.

☑ Excuse me? I'm in line.
☐ _____

❷ 새치기하시면 안 돼요.

유 캔 컷 인 라인.

☑ You can't cut in line.
☐ _____

오늘 저녁 7시 알라딘 성인 티켓 두 장 주세요.

캔 아이 겟 투 어덜 티켓츠 폴 알라딘 투나잇 엣 세븐?

Can I get 2 adult tickets for 'Aladdin' tonight at 7?

🛂 로라 쌤과 함께 입국 준비!

오케스트라 바로 앞 낮은 층고에 위치한 좌석은 '오케스트라석(Orchestra seats)', 2층에 있는 좌석을 뉴욕 브로드웨이에서는 '메자닌석(Mezzanine)', 영국 런던에서는 '드레스서클석(Dress circle seats)'이라고 불러요. 또한 오페라의 무대 양 옆 발코니 형태의 좌석을 '박스석(Box seats)'이라고 한답니다.

✏️ 내 글씨로 여행 즐기기!

☐
☐
☐

🛍️ 표현 기념품 하나 더 챙기기!

❶ 오늘 저녁 티켓이 있나요?

두 유 해브 에니 티켓츠 어베일러블 폴 투나잇?

☑ Do you have any tickets available for tonight?

☐

❷ 오케스트라 좌석이 있나요?

두 유 해브 올께스트롸 씨츠 어베일러블?

☑ Do you have orchestra seats available?

☐

___월 ___일

곧 시작하는 뮤지컬 티켓이 있나요?

두 유 해브 에니 티켓츠 어베일러블 폴 뮤지컬스 스딸링 쑨?

Do you have any tickets available for musicals starting soon?

표현 영상

📕 로라 쌤과 함께 입국 준비!

혹시 미리 뮤지컬을 예약하지 못 하셨나요? 괜찮아요! 평일엔 특히 당일 사용 가능한 티켓을 티켓박스에서 구입할 수 있는 마지막 기회가 있어요.

✏️ 내 글씨로 여행 즐기기!

☐
☐
☐

🛍️ 표현 기념품 하나 더 챙기기!

❶ 다음 쇼는 언제인가요?

웬 이즈 더 넥쓰 쇼?

☑ When is the next show?
☐

❷ 다음 공연 티켓이 있나요?

두 유 해브 에니 티켓츠 어베일러블 폴 더 넥쓰 쇼?

☑ Do you have any tickets available for the next show?
☐

102 날짜나 시간 변경하기

티켓 시간을 바꿀 수 있을까요?

캔 아이 익스췌인쥐 마이 티켓츠 폴 어나덜 타임?

Can I exchange my tickets for another time?

📕 로라 쌤과 함께 입국 준비!

이 표현은 영화나 뮤지컬 티켓뿐만 아니라 비행기나 기차 날짜나 시간을 변경하고 싶을 때도 사용 가능하답니다.

✏️ 내 글씨로 여행 즐기기!

☐
☐
☐

🛍️ 표현 기념품 하나 더 챙기기!

❶ 다른 날로 티켓을 바꿀 수 있을까요?
  캔 아이 익스췌인쥐 마이 티켓츠 폴 어나덜 데이?
☑ Can I exchange my tickets for another day?
☐

❷ 투어를 취소할 수 있나요?
  캔 아이 캔쓸 더 투얼?
☑ Can I cancel the tour?
☐

103 잔돈으로 교환하기

100달러 지폐를 잔돈으로 바꿔 주실 수 있나요?

두 유 해브 췌인지 폴 어 헌드뤠드?

Do you have change for a hundred?

🌐 로라 쌤과 함께 입국 준비!

1센트	5센트	10센트	25센트	100달러
Penny 페니	Nickle 니끌	Dime 다임	Quarter 쿼럴	Benjamin 벤줘민

✏️ 내 글씨로 여행 즐기기!

☐
☐
☐

🛍️ 표현 기념품 하나 더 챙기기!

❶ 20달러짜리 4장 주세요.

캔 아이 해브 폴 트웬티 달러스?

☑ Can I have four 20 dollars?

☐

❷ 100달러 지폐를 잔돈으로 바꿔 주실 수 있나요?

캔 유 브뤡크 어 헌드뤠드 달럴 빌?

☑ Can you break a hundred-dollar bill?

☐

104 공손하게 요청하기

이 의자를 가지고 가도 될까요?

두 유 마인 이프 아이 테잌 디스 췌얼?

Do you mind if I take this chair?

📘 로라 쌤과 함께 입국 준비!

'Do you mind if I + 동사원형'은 '~해도 될까요?'라는 의미로, 상대를 배려하며 공손하게 내가 어떠한 행동을 해도 괜찮은지 물을 때 사용할 수 있는 패턴이에요.

✏️ 내 글씨로 여행 즐기기!

☐
☐
☐

🛍️ 표현 기념품 하나 더 챙기기!

❶ 흡연을 해도 괜찮을까요?

두 유 마인 이프 아이 스목크?

☑ Do you mind if I smoke?
☐

❷ 여기 앉아도 되나요?

두 유 마인 이프 아이 씻 히얼?

☑ Do you mind if I sit here?
☐

실제상황 ▶ LIVE ①

야구장에서 왜 'Charge'라고 외치나요?

 Lora 쌤!

저는 지금 미국 LA를 여행하고 있어요. 어제 다저스 야구 경기를 다녀왔는데요. 경기 중간중간 사람들이 함께 'Charge'라고 외치더라고요. 'Charge'는 '충전하다'로 알고 있는데 갑자기 무엇을 충전한다는 건가요?

 안녕하세요 로라입니다.

하하! 맞습니다. 'Charge'는 동사로 '충전하다', '비용을 지불하다'란 의미를 가지고 있죠. 나아가 명사로는 '비용' 혹은 '기소', '고소'라는 뜻도 가지고 있고요. 하지만 'Charge'는 '돌격' 혹은 '습격'이란 뜻도 가지고 있다는 거 알고 계셨나요? 따라서 미국 스포츠 경기에선 관객들이 'Charge'라고 외치는 것을 쉽게 볼 수 있어요. 선수들에게 '돌격하라', '가즈아', '파이팅' 등의 의미로 사기를 북돋아 주기 위해 외치는 소리입니다. 자, 그럼 우리 함께 외쳐볼까요? "CHARGE!"

LIVE 영상

LIVE ② 실제상황

계산대 없는 아마존 마트 경험해 보기!

로라

Hi guys! Today I'm taking you to Amazon Fresh where you can experience checkout-free shopping.
오늘은 계산대 없는 아마존 프레시에 함께 가 볼까요?

Yes, you will need the app and a registered payment method.
아마존 어플과 등록된 결제 수단은 필수!

Here you can just walk in, grab what you need, and walk out!
여기선 그냥 들어와서, 필요한 걸 가지고, 그냥 나가면 돼요.

No lines! No hassle! Amazing, isn't it?
줄 설 필요도 없고 번거로움도 없어요! 대박이죠?

To shop, simple choose your item, scan it, place it in the cart, and confirm.
쇼핑하는 방법은 간단하게 물건을 고르고, 스캔하고, 카트에 넣고, 확인하면 끝.

Going through the cashier-less Dash Cart Lane, and the cart calculates the total for me.
계산대 없는 대시 카트 전용 통로로 가면 카트가 자동으로 계산해 줘요.

And that's it!
끝!

LIVE 영상

8

당황스럽지만 침착해

긴급상황 대처하기

8장 전체 듣기

❶ 기내·공항에서 준비운동

❷ 교통수단 이용하기

❸ 숙소 마음껏 즐기기

❻ 쇼핑 만끽하기

❺ 식당에서 살아남기

❹ 미국 200% 즐기기

❼ 핫스팟 가 보기

❽ 긴급상황 대처하기

❾ 귀국하기

105 약국에서 약 구매하기

가장 가까운 약국은 어디인가요?

웨얼 이즈 더 니어뤼스트 팔머씨?

Where is the nearest pharmacy?

📔 로라 쌤과 함께 입국 준비!

미국에는 스트레스를 완화시켜 주고 잠을 잘 잘 수 있게 도와주는 내추럴 젤리나 비타민 등이 넘쳐납니다. 요즘 웰빙을 중요시하는 사람들 사이에서는 스트레스 호르몬을 조절하는 허브 보충제 'Ashwagandha(아슈와간다)'가 인기라고 합니다.

✏️ 내 글씨로 여행 즐기기!

🛍️ 표현 기념품 하나 더 챙기기!

❶ 처방전이 필요 없는 약을 좀 추천해 주시겠어요?

크쥬 써쮀스트 썸 오벌 더 카우널 메디케이션스?

☑ Could you suggest some over-the-counter medications?

❷ 하루에 몇 번 복용해야 하나요?

하우 메니 타임스 어 데이 슈아이 테일 잇?

☑ How many times a day should I take it?

106 감기 증상으로 아플 때

___월 ___일

머리가 아파요.

아이 해브 어 헤데이크.

I have a headache.

📖 로라 쌤과 함께 입국 준비!

암과 같은 심각한 질병은 불가산 명사로 취급되지만, 감기·두통·치통·복통·콧물 등 살면서 반복해서 걸릴 수 있는 심각하지 않은 병은 가산 명사로 취급된답니다.

✏️ 내 글씨로 여행 즐기기!

☐ _____
☐ _____
☐ _____

🛍️ 표현 기념품 하나 더 챙기기!

❶ 감기에 걸렸어요.

아이 해브 어 콜드.

☑ I have a cold.
☐ _____

❷ 애드빌 있나요?

두 유 해브 애드빌?

☑ Do you have Advil?
☐ _____

107 알레르기 반응이 나타났을 때

알레르기 반응이 있어요.

암 해빙 언 얼럴쥑 뤼엑션.

I'm having an allergic reaction.

📘 로라 쌤과 함께 입국 준비!

미국에서는 알레르기 약을 편의점에서도 마켓에서도 쉽게 접할 수 있어요. 대표적인 약은 'Benadryl(베네드륄)'과 'Claritin(크레뤼틴)'입니다. 'Benadryl(베네드륄)'은 복용 후 졸릴 수 있으니 조심해야 해요.

✏️ 내 글씨로 여행 즐기기!

☐
☐
☐

🛍️ 표현 기념품 하나 더 챙기기!

❶ 땅콩 알레르기 반응이 났어요.
　 암 해빙 언 얼럴쥑 뤼엑션 투 넛츠.
　☑ I'm having an allergic reaction to nuts.
　☐

❷ 전 고양이 알레르기가 있어요.
　 암 얼럴쥑 투 켓츠.
　☑ I'm allergic to cats.
　☐

발목을 삐었어요.

아이 스프레인드 마이 앵클.

I sprained my ankle.

📔 로라 쌤과 함께 입국 준비!

미국에서는 119를 거꾸로 911이라고 합니다.

✏️ 내 글씨로 여행 즐기기!

☐ _____
☐ _____
☐ _____

🛍️ 표현 기념품 하나 더 챙기기!

❶ 누가 119 좀 불러 주세요!
   캔 썸원 컬 나인 원 원?
☑ Can someone call 911?
☐ _____

❷ 파스 주세요.
   캔 아이 해브 페인 뤼리프 패취스?
☑ Can I have pain relief patches?
☐ _____

데일밴드 있나요?

두 유 해브 밴데쥐스?

Do you have bandages?

🔖 로라 쌤과 함께 입국 준비!

'데일밴드'는 브랜드 이름이에요. 올바른 표현은 'bandages'예요.

구급상자	살균 티슈	거즈	반창고
First aid kit 펄스트 에이드 킷	Antiseptic wipes 앤터셉틱 와입스	Gauze pads 거즈 패즈	Bandages 밴데쥐스

✏️ 내 글씨로 여행 즐기기!

☐
☐
☐

🛍️ 표현 기념품 하나 더 챙기기!

❶ 손을 베였어요.

아브 컷 마이셀프.

☑ I've cut myself.

☐

❷ 항생제 연고 주세요.

캔 아이 해브 언 엔타이바이아릭 오인먼트?

☑ Can I have an antibiotic ointment?

☐

110 비행기나 기차를 놓쳤을 때

비행기를 놓쳤어요.

아이 (해브) 미쓰드 마이 프라잇.

I (have) missed my flight.

🛂 로라 쌤과 함께 입국 준비!

비행기, 버스, 전철 그리고 기차 등을 놓쳤다면 'I (have) missed + 명사(~를 놓쳤어요)' 패턴을 사용해서 말해 보세요.

✏️ 내 글씨로 여행 즐기기!

🛍️ 표현 기념품 하나 더 챙기기!

❶ 기차를 놓쳤어요.
아이 미쓰드 마이 트뤠인.
☑ I missed my train.

❷ 다음 이용 가능한 기차는 언제인가요?
웬 이즈 더 넥스트 어베일러블 트뤠인?
☑ When is the next available train?

111 여권을 분실했을 때

여권을 잃어버렸어요.

아이 (해브) 라스트 마이 패스폴트.

I (have) lost my passport.

📕 로라 쌤과 함께 입국 준비!

지금도 잃어 버린 상태라면 단순 과거가 아닌 '현재완료(have p.p)'를 사용해서 말해 주세요. 훨씬 더 의미가 정확하게 전달됩니다.

✏️ 내 글씨로 여행 즐기기!

🛍️ 표현 기념품 하나 더 챙기기!

❶ 어떻게 해야 하나요?

하우 두 아이 프로씨드?

☑ How do I proceed?

❷ 찾는 데 도움을 주실 수 있을까요?

캔 유 헬프 미 파인 딧?

☑ Can you help me find it?

제 가방을 찾을 수 없어요.

마이 러게쥐 이즈 미씽.

My luggage is missing.

📕 로라 쌤과 함께 입국 준비!

아무리 기다려도 짐이 나오지 않거나 비행기를 놓쳐 짐이 먼저 도착했을 경우 등, 문제가 생겼을 때는 'Baggage claim center' 혹은 'Baggage service'를 찾아가야 해요. 수화물 태그를 반드시 보관하고 있어야 짐을 보다 쉽게 찾을 수 있어요.

✏️ 내 글씨로 여행 즐기기!

☐
☐
☐

🛍️ 표현 기념품 하나 더 챙기기!

❶ 제 짐을 찾는 것을 도와주시겠어요?

크쥬 어씨스트 미 인 로케이링 마이 러게쥐?

☑ Could you assist me in locating my luggage?
☐

❷ 제 짐을 찾을 수 없어요.

아이 켄트 로케이트 마이 러게쥐.

☑ I can't locate my luggage.
☐

113 분실물 센터 둘어보기

분실물 센터가 어디죠?

웨얼 이즈 더 라스트 앤 파운드?

Where is the lost and found?

📔 로라 쌤과 함께 입국 준비!

물건을 분실했을 때 'Lost and found office(분실물 센터)'를 찾아가거나 시간이 없을 경우 분실물 센터 번호를 받아 전화를 해서 미리 확인하시는 것을 추천해요.

✏️ 내 글씨로 여행 즐기기!

☐
☐
☐

🛍️ 표현 기념품 하나 더 챙기기!

❶ 분실물 센터 번호가 어떻게 되나요?

왓 이즈 더 넘벌 폴 라스트 앤 파운드 디팔먼트?

☑ What is the number for lost and found department?
☐

❷ 몇 번에서 제 짐을 찾을 수 있나요?

왓 이즈 마이 배게쥐 크레임 넘벌?

☑ What is my baggage claim number?
☐

114 도움을 요청할 때

와이파이 연결이 안 돼요.

암 해빙 트뤄블 커넥띵 투 와이파이.

I'm having trouble connecting to Wi-Fi.

📖 로라 쌤과 함께 입국 준비!

어려움을 겪고 있어 도움이 필요할 때는 'I'm having trouble + 동명사/명사(~하는데 어려움을 겪고 있어요)' 패턴을 사용해 보세요.

✏️ 내 글씨로 여행 즐기기!

🛍️ 표현 기념품 하나 더 챙기기!

❶ 와이파이 문제를 해결하는 데 도움을 주실 수 있나요?

캔 유 헬프 미 트뤄블슛?

☑ Can you help me troubleshoot?

❷ (공항 키오스크에서) 체크인하는 데 어려움을 겪고 있어요.

암 해빙 트뤄블 췌킹 인.

☑ I'm having trouble checking in.

169

실제상황 ▶LIVE ①

미국에는 약국이 없나요?

 Lora 쌤!

얼마 전 미국에 다녀왔어요. 여행 중에 약국을 찾으려고 주변을 둘러보았는데 보이지 않더라고요. 다행히 마켓에서 진통제를 찾아서 괜찮았지만 왜 어디에도 약국이 보이지 않는지 궁금했어요.

 안녕하세요 로라입니다.

아이고! 마켓에서 금방 찾았다니 너무 다행이에요! 미국은 한국처럼 약만 파는 약국은 거의 없어요. 대부분 약국은 마트와 같은 형태를 하고 있어요. 미국의 대표적인 약국은 Rite Aid, Walgreens, 그리고 CVS예요. Walmart와 Costco에도 약국이 있는 곳이 있어요. 미국의 약국은 음식, 음료, 화장품, 등을 같이 파는 큰 편의점이라고 생각하시면 됩니다. 그리고 주유소나 마트에도 약의 종류가 많으니 급하시다면 가까운 마트를 추천해요!

LIVE 영상

LIVE ② 실제상황

전화로 분실물 문의하기

로라
Hi! Good morning. I have a question.
안녕하세요. 뭐 좀 여쭤볼 게요.

직원
Yes, how may I. assist you?
그럼요. 어떻게 도와드릴까요?

로라
I went to the spa yesterday and I think I left my sunglasses there.
어제 스파를 갔는데 선글라스를 두고 온 것 같아요.

I think I left it in the locker and the locker was number 43.
로커에 두고 온 것 같은데 로커 번호가 43번이었어요.

Could you check if they've been found?
선글라스가 있었는지 확인해 주실 수 있나요?

직원
I'm sorry to hear that.
그러셨군요.

I'll check with them and get back to you right away.
확인하고 바로 전화드리겠습니다.

로라
Okay, alrighty. Thank you very much.
알겠습니다. 감사합니다.

LIVE 영상

9

Bye! 다시 올게
귀국하기

9장 전체 듣기

❶ 기내·공항에서 준비운동

❷ 교통수단 이용하기

❸ 숙소 마음껏 즐기기

❻ 쇼핑 만끽하기

❺ 식당에서 살아남기

❹ 미국 200% 즐기기

❼ 핫스팟 가 보기

❽ 긴급상황 대처하기

❾ 귀국하기

115 호텔 체크아웃하기

체크아웃하고 싶습니다.

하이, 아이 우드 라잌 투 첵 아웃.

Hi, I would like to check out.

📕 로라 쌤과 함께 입국 준비!

체크인할 때도 체크아웃할 때도 밝게 웃으면서 'Hi'라고 먼저 인사를 건네 보세요.

✏️ 내 글씨로 여행 즐기기!

☐
☐
☐

🛍️ 표현 기념품 하나 더 챙기기!

❶ 체크아웃하려고 해요.
   (암) 췌킹 아웃.
☑ (I'm) Checking out.
☐

❷ 머무는 동안 너무 좋았어요. 감사합니다.
   아이 인조이드 마이 스테이 히얼. 땡큐.
☑ I enjoyed my stay here. Thank you.
☐

116 호텔 체크아웃 시간 연장하기

늦게 체크아웃 가능할까요?

크드 아이 뤼크웨스트 어 레잇 쳌 아웃?

Could I request a late-check out?

📙 로라 쌤과 함께 입국 준비!

30분 정도는 늦게 체크아웃해도 괜찮지만, 혹시 비용을 지불해야 할지도 모르니 조금이라도 늦게 체크아웃하고 싶다면 미리 가능한지 물어보는 걸 추천해 드립니다.

✏️ 내 글씨로 여행 즐기기!

☐ _____
☐ _____
☐ _____

🛍 표현 기념품 하나 더 챙기기!

❶ 가장 늦게 체크아웃할 수 있는 시간이 언제인가요?
왓츠 더 레이르스트 타임 유 크드 쳌 아웃?
☑ What's the latest time you could check out?
☐ _____

❷ 30분만 늦게 체크아웃할 수 있을까요?
메이 아이 쳌 아웃 떨티 미닛츠 레잇?
☑ May I check out 30 minutes late?
☐ _____

117 탑승 수속하기

체크인하려고 합니다.

아이 우드 라잌 투 첵 인.

I would like to check in.

🛂 로라 쌤과 함께 입국 준비!

요즘은 키오스크에서 셀프 체크인을 하거나 미리 온라인에서 체크인을 하는 것이 보편적이에요. 미국에서 국내선을 이용하신다면 대부분의 경우 키오스크에서 셀프 체크인을 하고 직접 짐에 태그를 달아야 한답니다.

✏️ 내 글씨로 여행 즐기기!

☐
☐
☐

🛍️ 표현 기념품 하나 더 챙기기!

❶ 제 가방에 파손주의 스티커 붙여 주세요.
   크쥬 풋 어 프뤠즐 스티컬 언 마이 러게쥐?
☑ Could you put a fragile sticker on my luggage?
☐

❷ 두 개의 가방을 체크인합니다.
   암 췌킹 인 투 베그스.
☑ I'm checking in two bags.
☐

118 탑승 수속하기

___월 ___일

여기 있습니다.

히얼 유 고.

Here you go.

🌐 로라 쌤과 함께 입국 준비!

여권뿐만 아니라 호텔이나 음식점에서도 돈, 카드 등을 건네줄 때 자연스럽고 매너 있게 'Here you go'라고 해 주세요. 'Here we go'는 '가자, 시작하다'라는 의미이니 헷갈리지 않도록 해요.

✏️ 내 글씨로 여행 즐기기!

☐
☐
☐

🛍️ 표현 기념품 하나 더 챙기기!

❶ 여기 제 여권이에요.

히얼 이즈 마이 패스폴트.

☑ Here is my passport.
☐

❷ 여기 있습니다.

데얼 유 고.

☑ There you go.
☐

복도 자리 부탁 드려요.

아이 우드 라익 언 아일 씨-트

I would like an aisle seat.

🛂 로라 쌤과 함께 입국 준비!

'하나'를 의미하는 관사 'a'는 모음(철자가 아닌 발음이 a, e, i, o, u) 앞에서는 'an'으로 변한답니다.

> **예** an aisle seat 복도 자리 | an item 물품(품목) | an honor 명예

✏️ 내 글씨로 여행 즐기기!

☐
☐
☐

🛍️ 표현 기념품 하나 더 챙기기!

❶ 창가 자리 부탁드려요.
아이 우드 라익 어 윈도우 씨-트.
☑ I would like a window seat.
☐

❷ 비즈니스로 업그레이드할 수 있나요?
캔 아이 업그뤠이드 마이 씨-트 투 비즈니스 크라쓰?
☑ Can I upgrade my seat to business class?
☐

세금 환급은 어디서 받을 수 있나요?

익쓰큐즈 미, 웨얼 캔 아이 겟 마이 텍쓰 뤼펀드?

Excuse me, where can I get my tax refund?

📘 로라 쌤과 함께 입국 준비!

안타깝게도 미국에서는 일반적으로 외국인 방문객에게 세금 환급을 제공하지 않아요. 유럽, 호주 등 일부 국가에서만 제공되며 반드시 출국 시까지 물건과 영수증을 소지하고 있어야 하고 출국장에 들어가기 전에 'Tax Refund' 혹은 'custom' 부스를 찾아가야 한답니다.

✏️ 내 글씨로 여행 즐기기!

☐ _____
☐ _____
☐ _____

🛍️ 표현 기념품 하나 더 챙기기!

❶ 세금 환급소는 어디에 있나요?

웨얼 캔 아이 퐈인 더 텍쓰 뤼펀 어피쓰?

☑ Where can I find the tax refund office?
☐ _____

❷ 이것 좀 도와주실 수 있나요?

캔 유 헬미 윗 디스?

☑ Can you help me with this?
☐ _____

실제상황 ▶LIVE ①

'Aisle'은 어떻게 발음하나요?

 Lora 쌤!

저는 비행기 탈 때 창가 쪽보다는 통로 쪽 좌석을 선호하는 편이라 '아이슬 시트'라고 외쳤는데, 잘 못 알아듣더라고요. 그래서 재빨리 인터넷 검색을 했더니 'Aisle'는 '아일'이라고 읽는다고 하더라고요. 제대로된 발음이 뭔가요?

 안녕하세요 로라입니다.

그러셨군요! 정말 많은 분들이 동일하게 실수하는 부분이에요!

'Aisle'에서 'S'는 묵음이랍니다. 따라서 '아이슬'이 아니라 '아일'이라고 발음하셔야 해요.

그럼 여러분! '섬'을 뜻하는 'Island'는 뭐라고 읽을까요?

눈치채셨나요? 정답은 아래 영상을 확인해 주세요!

LIVE 영상

▶ LIVE ② 실제상황

일본에서도 영어가 통할까?

로라

> Hi! Good morning! Checking out.
> 안녕하세요. 체크아웃하려고 해요.
>
> Can I leave my luggage at the hotel and pick it up later?
> 호텔에 짐을 맡기고 나중에 찾아갈 수 있을까요?
>
> At the concierge or…?
> 컨시어지에요 아니면…?
>
> Thank you very much.
> 감사합니다.
>
> Can I also leave my backpack as well?
> 책가방도 맡길 수 있나요?

호텔 직원

> Pick up today?
> 오늘 픽업하시나요?

로라

> Yeah, today.
> 네, 오늘이요.

LIVE 영상

하루 1줄,
손글씨로 채워가는 나만의 여행 수첩

여행
영어
쓰기 수첩

나만의 영어 쓰기 여행 노트

✓ 여행 미션 체크리스트
✓ 여행 단어 모음집

여행 미션 체크리스트

자, 현지로 떠날 준비 되셨나요?
아래 미션을 클리어하면서 나만의 설레는 여행을 만들어 보세요.

미션 번호	미션 확인	내 글씨로 완료 체크
예시	공항 입국심사 직원에게 영어로 인사 건네기	I made it!
미션 ❶	현지 사람에게 감사 표현하기	I made it!
미션 ❷	목적지까지 얼마나 걸리는지 물어보기	I made it!
미션 ❸	숙소 체크인 시 고층 or 뷰 좋은 룸 요청해 보기	I made it!
미션 ❹	식당 직원에게 워크인이 가능한지 물어보기	I made it!
미션 ❺	현지 카페에서 내 입맛대로 음료 커스터마이징하기	I made it!
미션 ❻	핫한 펍에서 바텐더에게 맛있는 술 추천받기	I made it!
미션 ❼	옷 가게 직원에게 다른 사이즈 있는지 물어보기	I made it!
미션 ❽	잔돈을 모두 팁으로 주겠다고 말해보기	I made it!
미션 ❾	관광지에서 사진 찍기 or 사진 찍어주기	I made it!
미션 ❿	현지 사람들과 하루에 열 마디 이상 대화 나누기	I made it!

여행 미션 체크리스트 미션 ❶

현지 사람에게 감사 표현하기

미션 기록하기

언제 When	
어디서 Where	
누구에게 To whom	

에피소드 메모하기

여행 미션 체크리스트 　미션 ❷

목적지까지 얼마나 걸리는지 물어보기

미션 기록하기

언제 When	
어디서 Where	
누구에게 To whom	

에피소드 메모하기

여행 미션 체크리스트　미션 ❸

숙소 체크인 시 고층 or 뷰 좋은 룸 요청해 보기

미션 기록하기

언제 When	
어디서 Where	
누구에게 To whom	

에피소드 메모하기

여행 미션 체크리스트 　미션 ❹

식당 직원에게 워크인이 가능한지 물어보기

미션 기록하기

언제 When	
어디서 Where	
누구에게 To whom	

에피소드 메모하기

여행 미션 체크리스트 미션 ❺

현지 카페에서 내 입맛대로 음료 커스터마이징하기

미션 기록하기

언제 When	
어디서 Where	
누구에게 To whom	

에피소드 메모하기

여행 미션 체크리스트 미션 ❻

핫한 펍에서 바텐더에게 맛있는 술 추천받기

미션 기록하기

언제 When	
어디서 Where	
누구에게 To whom	

에피소드 메모하기

여행 미션 체크리스트 미션 ❼

옷 가게 직원에게 다른 사이즈 있는지 물어보기

미션 기록하기

언제 When	
어디서 Where	
누구에게 To whom	

에피소드 메모하기

여행 미션 체크리스트 — 미션 ❽

잔돈을 모두 팁으로 주겠다고 말해보기

미션 기록하기

언제 When	
어디서 Where	
누구에게 To whom	

에피소드 메모하기

여행 미션 체크리스트 미션 ❾

관광지에서 사진 찍기 or 사진 찍어주기

미션 기록하기

언제 When	
어디서 Where	
누구에게 To whom	

에피소드 메모하기

여행 미션 체크리스트 미션 ⑩

현지 사람들과 하루에 열 마디 이상 대화 나누기

미션 기록하기

언제 When	
어디서 Where	
누구에게 To whom	

에피소드 메모하기

하루 1줄,
나의 외국어 로망이 실현되는 순간

여행 단어 모음집 | 기내에서

기내와 공항에서 활용할 수 있는 단어를 함께 정리해 봅시다.

1	through [쓰루]	지나가다
2	another seat [어나덜 씨-트]	다른 자리
3	borrow [봐로우]	빌리다
4	extra [엑쓰트롸]	여분
5	blanket [브랜킷]	담요
6	pillow [필로우]	베개
7	on the rocks [언 더 락쓰]	(위스키) 얼음
8	Purchase [펄췌스]	구매, 구입 물품
9	cash [캐쉬]	현금
10	work [월크]	(기계 등이) 돌아가다

11	family trip [페밀뤼 트륍]	가족 여행
12	business trip [비즈니스 트륍]	출장
13	stay [스테이]	머물다, 숙박하다
14	first time [펄스트 타임]	처음
15	connecting flight [커넥띵 플라잇]	환승 항공편
16	layover [레이오벌]	경유, 단기체류
17	fly back [플라이 백]	(비행기로) 돌아간다
18	return ticket [뤼턴 티켓]	돌아가는 비행기표
19	exchange [익스췌인쥐]	교환하다, 맞바꾸다
20	smaller bills [스멀럴 빌즈]	잔돈

여행 단어 모음집 — 숙소에서

숙소에서 활용할 수 있는 단어를 함께 정리해 봅시다.

1	Reservation [뤠젤베이션]	예약
2	confirmation number [컨펄메이션 넘버]	예약확인 번호
3	higher floor [하이얼 플로얼]	높은 층
4	Complimentary [컴플리메너뤼]	무료
5	swimming pool [스위밍 풀]	수영장
6	around here [어롸운드 히얼]	주변에
7	Breakfast [브렉퍼스트]	조식
8	Sunny side up [써니 싸이럽]	(달걀을) 한쪽만 익힌
9	wake-up call [웨익업 컬]	모닝콜
10	fresh towel [프뤠시 타올]	새 수건

11	**extra** [엑쓰트롸]	추가의, 여분의
12	**borrow** [봐로우]	빌리다
13	**Adaptors** [어댑털스]	변환기
14	**power bank** [파월 뱅크]	보조 배터리
15	**electric kettle** [일렉트뤽 케틀]	커피포트
16	**Cab** [캡]	택시
17	**Request** [뤼크웨스트]	요청, 신청
18	**Turn down service** [턴 다운 설비스]	객실 정리정돈 서비스
19	**non-smoking room** [넌 스모킹 룸]	금연실
20	**Extend** [익스탠드]	연장하다

여행 단어 모음집 — 맛집 & 카페에서

맛집 & 카페에서 활용할 수 있는 단어를 함께 정리해 봅시다.

1	recommend [뤠커맨드]	추천
2	tender [텐덜]	부드러운, 씹기 쉬운
3	cilantro [씰란트로]	고수
4	cucumbers [큐컴벌]	오이
5	add [에드]	추가
6	pinto beans [핀토 빈-스]	강낭콩
7	taste [테이스트]	맛보다
8	double scoop [더블 스쿱]	두 스쿱
9	lettuce [레러스]	양상추
10	little burger [리를 벌걸]	패티가 1장인 버거

11	iced Americano [아이스드 어뮈뤼카노]	아이스 아메리카노
12	skinny latte [스끼니 라테이]	저지방으로 만든 라떼
13	low-fat milk [로우 팻 밀크]	저지방 우유
14	soy milk [소이밀크]	두유
15	extra shot [엑쓰트라 샷]	에스프레소 샷 추가
16	less sweet [레스 스윗]	덜 달게
17	straw [스트롸]	빨대
18	carrier [케뤼얼]	커피 운반용 캐리어
19	on tap [언 탭]	생맥주
20	mocktail [막테일]	무알콜 칵테일

여행 단어 모음집 　 현지인처럼 식당에서

식당에서 활용할 수 있는 단어를 함께 정리해 봅시다.

1	book [북]	(식당·호텔 등에) 예약하다
2	reservation [뤠절베이션]	예약
3	cancel [캔쓸]	취소
4	move [무브]	(예약 등을) 변경하다
5	walk-ins [웍낀스]	워크인(예약 없이 방문 하는 것)
6	waitlist [웨잇리스트]	대기 리스트에 올리다
7	party [팔리]	일행, 단체
8	outside [아웃사이드]	밖
9	popular [파풀럴]	인기 있는
10	famous dishes [패이머스 디쉬스]	유명한 요리

11	**without** [위다웃]	~없이, ~빼고
12	**allergic** [얼럴쥑]	알레르기
13	**vegan menu** [비건 메뉴]	채식 메뉴
14	**Instead of** [인스테드]	~대신
15	**hand wipes** [핸드 와입스]	물티슈
16	**salty** [썰티]	짠, 짭짤한
17	**burnt** [번트]	(불에) 탄
18	**undercooked** [언덜쿡드]	설익은
19	**overcooked** [오벌쿡드]	너무 익힌
20	**to-go box** [투 고 박스]	포장 박스

여행 단어 모음집   쇼핑몰에서

쇼핑할 때 활용할 수 있는 단어를 함께 정리해 봅시다.

1	plain T-shirt [프레인 티 셜츠]	기본 티셔츠
2	find [파인]	찾다, 발견하다
3	toothpaste [투쓰페이스트]	치약
4	souvenirs [스부니얼스]	기념품
5	bigger size [비걸 싸이즈]	더 큰 사이즈
6	one-size fits-all [원 싸이즈 핏츠 얼]	프리 사이즈
7	on sale [언 세일]	세일 중
8	for sale [폴 세일]	판매 상품
9	2 for 1 [투 폴 원]	원 플러스 원
10	sale items [세일 아이럼스]	할인 품목

11	come down [컴 다운]	(가격을) 깎다
12	look around [룩 어롸운드]	둘러보다
13	try [트롸이]	착용해 보다
14	fitting room [피링 룸]	피팅룸
15	ring me up [륑 미 업]	~을 계산해 주세요
16	ready [뤠디]	준비
17	check out [쳌 아웃]	계산하다
18	remove [뤼무브]	(계산할 때) 빼다, 치우다
19	refund [뤼펀드]	환불
20	different size [디프뤈 싸이즈]	다른 사이즈

여행 단어 모음집　핫스팟에서

핫스팟에 가서 활용할 수 있는 단어를 함께 정리해 봅시다.

1	how far [하우 팔]	(거리) 얼마나 되는가
2	entrance [엔트뤤스]	입구
3	trying to find [트롸잉 투 파인]	찾으려고 애쓰다
4	take a photo [테잌 어 포로]	사진을 찍다
5	ticket office [티켓 어피스]	매표소
6	cut in line [컷인 라인]	새치기하다
7	adult ticket [어덜 티켓츠]	성인 티켓
8	lost [라스트]	길을 잃은
9	next show [넥쓰 쇼]	다음 공연
10	open the window [오픈 더 윈도우]	창문을 열다

한번 두번 세번

11	**tonight at 7** [투나잇 엣 세븐]	오늘 저녁 7시
12	**orchestra seats** [올께스트롸 씨-츠]	(무대 바로 아래 부분의) 오케스트라석
13	**dress circle seats** [드뤠스 서클 씨-츠]	특등석(이층 정면석)
14	**available** [어베일러블]	가능한, 구할 수 있는
15	**another day** [어나덜 데이]	다른 날
16	**break** [브뤠이크]	지폐를 동전으로 바꾸다
17	**four 20 dollars** [폴 트웬티 달럴스]	20달러 4장
18	**Do you mind if~** [두 유 마인 이프]	~해도 될까요?
19	**take this chair** [테익 디스 췌얼]	이 의자를 가져가다
20	**smoke** [스목크]	(담배를) 피우다

여행 단어 모음집 — 긴급 상황에서

긴급할 때 활용할 수 있는 단어를 함께 정리해 봅시다.

1	pharmacy [팔머씨]	약국
2	over-the-counter [오벌 더 카우널]	처방전 없이 살 수 있는
3	medication [메디케이션]	약, 약물
4	How many times~ [하우 메니 타임스]	몇 번
5	headache [헤데이크]	두통
6	cold [콜드]	감기
7	advil [애드빌]	애드빌(항염증제)
8	allergic reaction [어럴쥑 뤼엑션]	알레르기 반응
9	sprained [스프뤠인드]	삐다(접지르다)
10	pain relief patch [페인 뤼리프 패취]	파스

한번 두번 세번
☐ ☐ ☐

11	**bandages** [밴데쥐스]	데일밴드
12	**first aid kit** [펄스트 에이드 킷]	구급상자
13	**antibiotic ointment** [엔타이바이아릭 오인먼트]	항생제 연고
14	**I (have) missed~** [아이 (해브) 미쓰드]	~을 놓쳤어요
15	**luggage** [러게쥐]	(여행용) 짐, 수화물
16	**locate** [로케이트]	정확한 위치를 찾아내다
17	**lost and found** [라스트 앤 파운드]	분실물 센터
18	**baggage claim** [배게쥐 크레임]	(공항의) 수화물 찾는 곳
19	**I'm having trouble~** [암 해빙 트뤄블]	~하는데 어려움을 겪고 있어요.
20	**troubleshoot** [트뤄블슛]	문제를 해결하다

여행 단어 모음집 귀국하기

귀국할 때 활용할 수 있는 단어를 함께 정리해 봅시다.

1	I would like to~ [아이 우드 라잌 투]	~하려고 합니다
2	checking in [췌킹 인]	체크인
3	checking out [췌킹 아웃]	체크아웃
4	May I~ [메이 아이]	~해도 될까요?
5	late-check out [레잇 췌크아웃]	늦게 체크 아웃
6	latest time [레이르스트 타임]	가장 늦은 시간
7	30 minutes late [떨리 미닛츠 레잇]	30분만 늦게
8	Enjoy [인조이]	즐거운 시간을 보내다
9	self-service check-in [셀프 썰비스 췍 인]	셀프 체크인
10	Tag [태그]	(사물 등에 붙이는) 태그, 꼬리표

11	Passport [패스폴트]	여권
12	Here you go [히얼 유 고]	(여권, 돈 등을 건넬 때) 여기 있습니다.
13	There you go [데얼 유 고]	여권, 돈 등을 건넬 때) 여기 있습니다.
14	Here we go [히얼 위 고]	가자
15	aisle seat [아일 씨-트]	복도 자리
16	window seat [윈도우 씨-트]	창가 자리
17	Upgrade [업그레이드]	(비행기 좌석 등을) 상위 등급으로 높여주다
18	business class [비즈니스 크라쓰]	비즈니스 좌석
19	tax refund [텍쓰 뤼펀드]	세금 환급
20	tax refund office [텍쓰 뤼펀 어피쓰]	세금 환급소

나의 하루 1줄 여행 영어 쓰기 수첩

초 판 발 행	2024년 10월 30일 (인쇄 2024년 09월 26일)
발 행 인	박영일
책 임 편 집	이해욱
저 자	로라킴
편 집 진 행	신명숙
표지디자인	조혜령
편집디자인	임아람 · 하한우 · 채현주
일 러 스 트	전성연
발 행 처	시대인
공 급 처	(주)시대고시기획
출 판 등 록	제 10-1521호
주 소	서울시 마포구 큰우물로 75 [도화동 538 성지 B/D] 9F
전 화	1600-3600
팩 스	02-701-8823
홈 페 이 지	www.sdedu.co.kr
I S B N	979-11-383-7872-7 (13740)
정 가	15,000원

※ 이 책은 저작권법에 의해 보호를 받는 저작물이므로, 동영상 제작 및 무단전재와 복제, 상업적 이용을 금합니다.
※ 이 책의 전부 또는 일부 내용을 이용하려면 반드시 저작권자와 (주)시대고시기획 · 시대인의 동의를 받아야 합니다.
※ 잘못된 책은 구입하신 서점에서 바꾸어 드립니다.
※ '시대인'은 종합교육그룹 '(주)시대고시기획 · 시대교육'의 단행본 브랜드입니다.